JN251644

アゲリッチの法則

自分をアゲ、周りをアゲる最強の引き寄せ術

エグゼクティブメンタルコーチ
伊倉ひとみ
Hitomi Ikura

はじめに

「伊倉さん、コーチングを受けてからたった3ヶ月で素敵な方と出会えて、結婚することになりました！」

「念願の社長になれました！」

「大好きなミュージシャンの近くで働くスタッフになれました！」

「経営する会社の売り上げが1年で20％アップしました！」

「過去最高の実績を上げて、社長杯をもらえました！」

「国際的な資格を日本人3人目として取得できました！」

「フリーターから教員試験に合格して教師になれました！」

「離婚寸前の状態から半年後にはラブラブな関係に戻れました！」


これらはすべて、私と一緒に「アゲリッチの法則」を実践した人々の喜びの声です。20代から80代まで、私のもとにはいろいろな年齢や立場の方から、感動や喜びに溢《あふ》れた報告が毎日のように届きます。

「アゲリッチの法則を知って、本当によかった」

口々にそう言ってくださるみなさまのお顔は、幸せで輝いていらっしゃいます。


では、その「アゲリッチの法則」とはなんなのでしょう。


アゲリッチの法則は、あなた自身の夢や願いをかなえて幸せになれるのと同時に、あなたの周りの人までをも幸せにする法則です。

引き寄せの法則とよく混同されますが、アゲリッチの法則はまったく違っています。引き寄せの法則は実践した本人だけに引き寄せが起こりますが、アゲリッチの法則は、

まず、あなたが夢や願いをかなえて幸せになります
↓
次に、あなたの周りの人の夢や願いがかない、その人が幸せになります

すると、さらにあなたが幸せになります
↓
幸せのスパイラルがどんどん拡大して、あなたとあなたの周りの人がもっともっと幸せになります
↓

そんなに都合のいい法則があるなんて、ちょっと信じられないかもしれません。

でも私自身がこの法則で成功した一人です。今でこそ「エグゼクティブメンタルコーチ」として大勢の方にアゲリッチの法則をお伝えし、みなさまが幸せになるサポートをさせていただいていますが、約15年前には夫の事業がうまくいかなくなり、3000万円もの借金を抱えていたのです。

ガスも電気も止められて、冬の凍える寒い日を親子3人、震えて過ごした経験を持っています。ガスが使えないので当時は水風呂に入っていました。

ところが一念発起してアゲリッチの法則を使い始めたら、信じがたいミラクルが

連続して起きました。思いがけない出会いや出来事のおかげで事業は奇跡的なV字回復を遂げ、3000万円の借金を5年で返済できたのです。

おかげさまで今はたっぷりとお湯をはった湯船に浸《つ》かっていますし、週末にはレストランで夫とワインを楽しんだりもできるようになりました。家族3人で旅行に出かけたりと、水風呂時代がうそだったかのように幸せな日々を過ごしています。

この本を読み進めれば、アゲリッチの法則とは何なのかがわかります。アゲリッチになるために理解していただきたいこと、実践していただきたいことをくまなくお伝えしています。

さらに、つまずいた時の対処方法と、アゲリッチへの道を加速してくれる手帳の作り方と使い方も書きました。アゲリッチ手帳は、私自身が試行錯誤の末に「これが最高!」と言い切れるまで考えて作り上げた手帳ですので、あなたの強力な味方になってくれるはずです。

この本には、私の誠意のすべてを注ぎ込みました。一人でも多くの方に幸せになっていただきたいという願いを込めて書きました。

本書を読み終える頃には、あなたはアゲリッチ体質に改善されています。実際に毎日の生活の中で法則を実践すれば、欲しい未来がどんどん実現し始めます。

難しくはありません。今までいろいろとトライして挫折した方でも大丈夫です。私自身、もともと飽きっぽい性格でしたが続いています。あなたにも必ずできます。


今の世の中、人はみな互いに奪い合っています。人を押しのけなければ豊かになれない、幸せになれない、そう思っている人が大部分です。でも本当に豊かに幸せになれる方法とは、「あなたの大切な人を、周りの人を、自分と一緒にアゲていく」ことなのです。

アゲリッチワールドには、夢をかなえて幸せに暮らすアゲリッチさんが大勢住んでいます。奪い合ったり競い合ったりするのではなく、一緒に幸せになっていくことを楽しんでいる人々が、今日も楽しく暮らしています。

ぜひこの本でアゲリッチワールドの住人になって、周りの大切な方々と一緒に幸せになってください。

アゲリッチの法則　目次

Contents

Introduction

アゲリッチの法則はこうして誕生しました

Part. 1

ネガティブな自分を手放す方法

Part.2

なりたい未来を作る方法

Part.3

アゲリッチ手帳の作り方、教えます

Part.4 アゲリッチ手帳で夢をかなえるにはコツがあります

Part.5 大切な人をアゲてこそ、真のアゲリッチです

構成……株式会社STAR CREATIONS
オビイラスト・本文イラスト……篠本映
オビ写真（手帳）・本文写真……植一浩
オビ写真（女性）……Ableimages／アフロ
DTP……美創
ブックデザイン……新井大輔

Introduction

アゲリッチの法則はこうして誕生しました

願いは24時間常に意識すれば必ず実現する

アゲリッチの法則についてお話しする前に、私のことを少しお話しさせてください。

私は小さい頃から自分の意見をあまり言えない人間でした。そのために損をすることや誤解されることが多くて、そんな自分がずっと嫌いでした。

しかし満たされない思いばかりだったかというとそうではありません。実は私は、願いをかなえるコツを子供の頃から知っていたのです。どうやって私がそのコツを知ったのか、誰かが教えてくれたのかは覚えていないのですが、私は自然とそのコツを身につけていました。

それは、「願いは24時間、常に意識していれば必ず実現する」ということです。現実にしたいことを、いつも頭の片隅でリアルに思い浮かべるのです。

電車に乗っている時、お風呂に入っている時、歯医者で歯を治療されている時……。頭の中で、願いがかなっている自分の姿を想像します。

最初は意識して想像するように努めるのですが、だんだんと頭の片隅に理想の現実が常に居座るようになってきて、そうなれば実現するのは時間の問題です。

受験も恋愛も、このコツを使えば欲しい結果が必ず手に入りました。

人生を決定づけた、父の夢が終わった瞬間

自分の願いを実現するコツを知っていた私ですが、ある出来事をきっかけとして、周りの人の願いも実現させてあげたいと思うようになりました。

私の父は新聞社のカメラマンをしていまして、いつか自分でカフェを開きたいという長年の夢がありました。

私が中学生だったある日、家にかかってきた電話を取ると外出先の父からです。

「いい物件があったんだ！　今まで見た中で最高だ。カフェにぴったりなんだよ！」

よっぽど嬉しかったのでしょう。物静かな父の、初めて聞くワクワクと弾んだ声でした。

ところが私から代わって電話を受けた母は、冷静にこう言ったのです。

「今は4人の子供たちがいるんだから、そんなことできる状況じゃないでしょ！　いっぱいいっぱいなんだから……」

母が電話を切った音で父の夢は終わり、その日からしばらく父はひどく意気消沈していました。

母を責めるつもりはありません。当時の我が家には4人の子供がいて、父はサラリーマン、母は日本舞踊を自宅で教えながら、全員を私学に通わせていたのです。子供たちや夫を愛する母だからこその現実的な判断でした。

それでも、この出来事は私の心を揺さぶりました。父のために何もできない自分の無力さに、子供ながら愕然としたのです。そしてこれからは父の、いや父だけでなく大切な人の夢をかなえるお手伝いができる人間になりたいと、そう強く心に誓いました。

先輩の医院を3年で軌道に乗せ、彼氏の夢も実現

短大を卒業後、歯科衛生士として働いていた私に、人の夢を手助けするチャンスがやってきました。系列の大学に通っていた先輩が歯科医院を開業することになり、手伝ってほしいと頼まれたのです。

通常の歯科衛生士の業務は、口腔内予防業務、口腔関連コンサルティング、歯科医師の診療補助業務、受付業務などに限られます。しかしこの時は歯科衛生士の仕事の枠を超えて、医院の経営に深く関わることになりました。先輩である院長先生はいつも「意見を聞かせて」と、私の考えを取り入れながら進めてくれたのです。

患者さんへの対応やおもてなしを確立し、それを再現性のあるものにするためにマニュアルを作成して、新人が来ても同じことができるような仕組み作りをしました。

また、経理も私の担当です。知識も経験もありませんでしたが、銀行の方に帳簿のつけ方や収入と支出の流れを一から教わりながら習得していきました。他には広告や看板の制作、PR活動なども院長先生と一緒に行いました。

すべては患者さんの信頼獲得のためであり、何より院長先生が患者さんのために全神経を集中して能力を発揮できる、そういう環境を整えることが私にとってゴールでした。

目の前の人の夢を達成するサポートがしたい！　という私の想いは、こうして先輩の夢をかなえるお手伝いにつながり、医院の経営は3年で見事、軌道に乗ったのです。

また、プライベートでも面白いことがありました。ドライブデートの最中などに彼の夢を聞き出してばかりいたら、お付き合いした男性が夢に向かって会社から独立していくのです。これは結婚するまで付き合った方が全員そうでした。

なんとなく、人の夢をサポートするコツをつかみかけている気がしました。

新聞記者だった主人のスクープを陰ながらサポート

お手伝いした歯科医院が軌道に乗ったので少しのんびりしたかったのと、自分は今後どうしていきたいのかを見つめる時間が欲しくて、1年間オーストラリアへと旅に出ました。オーストラリアではスキーチューブ（登山鉄道）でインフォメーション業務をしながらスキー三昧！　あらゆる人種の若者が一緒に働き、寮で暮らし、毎晩のように語り合います。

常識だと思っていたことが他の国の人にとってはまったく常識ではないんだ！　と、自分のカチカチな思考がいい意味でどんどん壊されていく日々でした。

数ヶ月間スキーチューブで働いた後は、バックパック1つでオーストラリア一周の旅に出ました。半年かけて、南十字星を見ながら野宿したり、ヒッチハイクしたり、途中でぽんこつ車を購入したり。そうした毎日を過ごすうちに「自分の人生は自分が主人公なのだ！　自分が創っていくのだ！」と実感し、それを忘れずに生きていこうと決意したのです。

帰国後、大手新聞社勤務の主人と結婚しました。新聞記者1年目、まずは地方に転勤です。主人はスクープを狙って警察官の自宅に夜討ち朝駆けをする毎日でした。

そんな中、ある警察官の息子さんの苦手科目が英語だと知った主人の頼みで、オーストラリアから帰国したばかりの私が家庭教師をすることになったのです。私は毎週警察官のご自宅に伺い、次第にご家族から信頼を得ることができました。主人も同時に確固たる信頼関係が築けたことは確かです。

ある日、その警察官が他の記者に先がけて情報をくださり、翌朝の新聞のスクープとなりました。主人はその実績もあってその後東京に転勤し、新聞記者の花形とも言われる社会部警視庁捜査1課担当となったのです。それからもスクープとなる情報を入手し、社会部長賞をもらうことができました。

この頃から主人には「君がいるとラッキーが舞い込むよ。それに力が湧いてくる。君ってアゲレディだね」と言われるようになっていました。

私は主人の笑顔が見たい！という思いで動いていただけですが（具体的にはPart5で紹介する方法を実行していました）、結果として彼をアゲることができたようです。

「夢を実現させる自分なりの法則」を伝え始めた

主人があまりにも忙しいので、私にはあり余るほどの自由時間がありました。

パートに出たりもしたのですが、いっそのこと未知の世界にチャレンジしようと思い、ＡＩＵ保険会社に入社。同期が60人ぐらいいるうち女性は5、6人で、私たちは会社初の女性営業職でした。

営業の仕事は未経験でゼロからのスタートでした。とにかくコーチャブル（教えを素直に受け入れる状態）であることを心がけ、上司の言うとおりに行動する毎日です。飛び込み営業は1日70件、テレアポの日は1日100件。営業先は建設業の法人のみです。

無我夢中で毎日こなしていくうちに1件、また1件と契約になり、気づけば新人賞も取り、毎月の売り上げは常時全国でトップ10に入っていました。

この時に私ががんばれた原動力は「私の成績によって上司が評価される」ということでした。私を成長させるために上司が最大限のエネルギーを注いでくれていると、よくわかっていたのです。上司やお客様の笑顔が見たい！　という思いが私のパワーになっていました。

この頃、私はお客様へのサービスの一環で、これまでの自分の成功体験をベースに試行錯誤しつつ「夢を実現させる自分なりの法則」を作り、お客様にお伝えしていました。

すると、予定よりはるかに早い時期に独立したり、憧れの人と結婚できたり、行きたい学校に合格できたりと、夢をかなえるお客様がどんどん増えていきました。もしかして、自分はお役に立てているのかな、と思えるようになっていきました。

夢をかなえたのはお客様だけではありません。私自身もそうです。もともと5年限定の勤務契約で、契約期間内に規定の売上目標（数千万円でした）を達成できれば代理店の権利が得られるところを、入社4年後には達成し、代理店として独立起業できました。同時に危機管理コンサルタントとして仕事を始め、独立後6年で1000社以上の中小企業の社長やエグゼクティブの方々とお会いし、満足する結果を得ていただきました。

今振り返って考えると、私が実践し、お客様にお伝えしていた自分なりの法則こそが、「アゲリッチの法則」だったのです。

気がつけば借金3000万円の極貧生活

でも、そんな私がなぜ3000万円もの借金を抱えて、2歳半の子供と家族3人で、ガスも電気も止められる悲惨なローソク生活を送ったのか。不思議にお思いでしょう。

私たち夫婦はなかなか子供に恵まれませんでした。しかし結婚から8年後に不妊治療を始め、1年後にやっと待望の子供を授かることができたのです。出産から2年が過ぎた頃、私は思いきって自分の会社を手放しました。子供の教育のために環境を整えたかったのと、子育てできる時間を十分楽しみたいと思ったのです。

ところがその直後、思わぬことが起こりました。主人はその頃会社を辞めて独立し、自分で事業を始めていました。お寿司の宅配の仕事です。しかしリーマンショックなどの時代背景もあり、事業は一時期は3店舗まで増えたもののうまくいかなくなって2店舗を閉め、あっという間に3000万円の借金を背負ってしまったのです。

気がついた時には、まさに路頭に迷う寸前の状態になっていました。

それまで自分の会社を経営していた私は、主人の事業には口も手も出していませんでした。主人への遠慮があったのも事実です。でも、もうそんなことは言っていられません。何より子供のためにこの窮地を脱しなければ、と奮い立ちました。

アゲリッチの法則でV字回復

それからは無我夢中で主人とともに事業を立て直す日々が始まりました。かつて使っていた法則をフル活用したのです。

一番大切にしていて、効果があったなと思うのは、「主人がこの先成功するという未来を１００％信じること」でした。

夫の事業がうまくいかなくなって多額の借金を背負ったら、たいていの妻はこう思うはずです。

「この人がしっかりしていないからこんなことになった……」

正直に言えば、私の頭にもこのことが浮かばなかったわけではありません。しかし瞬時にこの考えを頭から追い出します。「いやいや、これは誤った認識だ。過去がどうだったかは一切関係ない。この人は未来で必ず成功する人だ」と信じて、この考えを意識して刷り込みました。

すると、ミラクルが起きました。

ある日、葬儀社からの注文で私がお寿司を届けたところ、「配膳を手伝って」と頼まれてお手伝いしました。するとその場でたまたま大手の仕出し会社の方と知り合ったのです。その会社はまだお寿司の扱いがないと聞いたので、すぐに主人に営業に行ってもらったところ専属契約へとつながり、１皿６人前ほどのお寿司を毎日１００皿以上納めることになりました。

この契約を続けてもらえるかどうかが勝負の分かれ目だと思った私は、仕出し会社の方に「何かお手伝いできることはありますか？」と申し出ました。その結果、斎場で仕出し弁当と我が社のお寿司を出す手伝いを、サービスとしてすることになったのです。

手伝いは週4日ほど、会社の仕事が終わった後の18時から22時ぐらい、時には日付をまたぐこともありました。小さな子供を親に預けて1年ほどはそんな生活を続けたでしょうか。

契約を逃したくない一心でしたが、斎場でのお手伝いではたくさんの収穫がありました。「そうか、通夜は弔問客の人数がわからないから、急な追加注文に対応できる機動力が必要なんだ」「セレモニーは時間どおりに始まるから、料理のお届けは時間厳守が鉄則なんだな」と、そういったことが理解でき、我が社の仕事に生かすことができました。

その後はさらにミラクルの連続でした。

お客様がお客様を次々とご紹介くださり、新たにパーティケータリング業界に進出を果たしたのです。東京モーターショーのメルセデス・ベンツ社ブースでのＶＩＰ向けパーティのケータリング、アウディジャパンのショールームで行われたＶＩＰ向けパーティのケータリング、大ヒットを飛ばしたタニタ食堂からのご依頼でランチボックスのコラボ、他にも東京大学、早稲田大学、証券会社のパーティなど、ビジネスパーティは年間１００件ほど仕事をいただけるようになりました。

こうして事業は短期間でV字回復。気がついたら年商2億、従業員・パートさん30名を抱える会社となり、3000万円の借金も5年で返済し、家族3人、幸せな日々を取り戻せたのです。

会社は18年間経営しましたが、とても素晴らしい会社と出会ってM&A契約が成立したので引退。現在は日々、大勢の方々の夢をかなえるために「アゲリッチの法則」をお伝えしています。


みなさんもアゲリッチになってみたくなりましたか？

方法はとっても簡単です。これからお伝えすることをやればいいだけです。

でも、とにかく真剣にやること。これが成功のコツです。

Part. 1

ネガティブな自分を手放す方法

法則1　アゲリッチは自分を100％認めることができる。

アゲリッチになるためにどうしても必要なのは、自分自身を１００％受容することです。ありのままの自分を受け入れて、認めることが大切です。

「いやいや、それができれば苦労はしないんですけど……」と、そう思ったかもしれませんね。

大丈夫です。この本には自分を１００％受け入れる秘訣がちりばめてあります。読み進めるうちにいつの間にかできるようになっているはずです。

あなたの人生や夢がうまくいっていないとすると、その理由の大部分は、自分を１００％受け入れていないことにあります。自分で自分にバツ印をつけている限りは「アガれない」のです。

私もずっと自分のことが嫌いでしたから、自分を１００％認める難しさはよくわかります。ところが、それではいつまで経《た》っても幸せにはなれないのです。

今の自分を100％認めるなんて難しいと感じたら、まずは自分の一番のファンになることを目指してみます。一生懸命がんばっている自分の、馬鹿正直な自分の、コツコツ前へ進んでいる自分の、時には大泣きしたり落ち込んだりしてしまう自分の、「一番のファン」になってあげてください。

「私、がんばってる」「本当にすごい！」「昨日はできなかったことが今日はできた」「私の選択はいつも最高だ」

そんなふうに小さなことから自分を認め、一番のファンになってください。

不思議なことに、自分を認めて好きになることができたら、人生がぱっと明るくなります。明るくなると、次には誰かの笑顔が見たくなります。誰かの笑顔が見たいというその思いは、人間が本来持っているものすごく強い欲求なのです。

法則2 誰かの望みどおりに生きる必要はない。

これまでのあなたは、もしかすると無意識のうちに「他人の未来」を生きていたかもしれません。

たとえば、

「私は、親に喜んでほしくてこの仕事に就きました」

「私は、彼が好きなタイプの女性であるように心がけています」

「私は、友達から浮かないファッションをするように気をつけています」

思い当たるところがありますか？

自分の未来を生きているか、他人の未来を生きているかを見分けるポイントは、「ワクワクしていない」「違和感がある」「なんか私の人生、違うなあと感じている」かどうかです。そんな時は他人の未来を生きている可能性が高いです。

この見極めはとても大切です。もしも他人の未来を生きていると、永遠に自己受容ができません。

水泳コーチのアルバイトで生計を立てていた友人がいます。彼の両親はともに教師でしたが、彼は「親の望みどおりに生きるのがいやだ」と言って、就職はせずにフリーターになったのでした。

私は彼に会った時には「どんな時に喜びを感じるの？」「今の仕事はどんなところが楽しいの？」といろいろと聞いていました。すると彼はだんだん自分の内面を観るようになり、「水泳の生徒さんが成長するのが嬉しい。大学の部活でも、後輩が成長するのを見るのが何より楽しかった」という自分の気持ちに気づきました。

「そうか、自分は人の成長に関わっていたいんだ」とわかった彼は一念発起して教員試験の勉強を始めて見事合格し、教師になったのでした。彼の場合は「親の望みどおりになりたくない」という方向で、他人の未来を生きていたのです。

アゲリッチの人生は「自分自身の人生」でなければなりません。親子関係、男女関係、すべての対人関係について、こうあらねばならない、しなくてはならない、という封印を解くと、とたんに肩の力が抜け、あなた本来の輝きが満ちあふれます。

法則3

自分が自分らしくいられれば、周りも幸せにできる。

私自身、長い間他人の未来を生きていました。4人兄弟の一番上だったので、「いい子」でいることが自分の役割だとずっと思っていました。学生の時は学級委員を務めるなど常に優等生で通しましたし、仕事に就いたら「仕事のできる、上司に褒められるいい社員」でいようと努力して、人が期待しているとおりの自分であるように、と生きてきたのです。今だから言えますが、つらかった！

恋愛の場面でもそうです。私は前に紹介したように願いをかなえるコツを知っていたので、自分から告白した経験は一度もありません。いいなと想った男性は向こうからみんな、告白してくれました。

ところが付き合いたての頃はいいのですが、だんだんと苦しくなっていくのです。何事も相手に合わせて、男性を立てて素直に「はい」と言う女性が好かれるのだと思い込んでいたからです。自分のしたいこと、行きたいところは二の次で、常に「相手はどうしたいと思っているのか」を優先します。もちろんNOも言えません。だからどんどん苦しくなり、挙げ句の果てに大好きな人に自分から別れを切り出したこともありました。

それからずいぶん時間が経って再会した彼と思い出話になった時、「もっと自分の気持ちを言ってほしかった」と言われた時は、もう笑うしかありませんでした。

彼とのお別れは本当につらくて、「どうしてこんなことになったんだろう、どうして自分の本心や意見が言えないんだろう」と悩みに悩み抜きました。

この悩みから解放されたくていろんな本を読んだり、数え切れないくらいのセミナーに通ったりしました。自己啓発セミナー、心理学セミナー、目標達成セミナー……。とにかく自分を変えたい一心で、それから10年ほどで数百万円は使ったと思います。

その結果、私はすごいことに気がついてしまいました。幼少期から今まで、自分がバカバカしい幻想にがんじがらめになっていたことを発見したのです。

それは、「本心を言うと人間関係や自分の立場が崩れてしまう」という固定観念でした。

なぜ後生大事にこの考えを抱えていたのか、話は子供時代に遡ります。

私は4人兄弟ですので、両親は常に妹や弟の世話で手一杯でした。また我が家は親戚のつながりも強くて同年代の子供たちが大勢集まります。そんな環境の中で他の子とは違う存在だと思われたくて、私が選んだ戦略は「いい子でいること」でした。

いい子でいれば私が親から褒めてもらえるばかりでなく、親も他の人から「ひとみちゃんって気が利くいい子ね」と褒められて、いいことずくめです。

ところが私の内面には「お手伝いしないで遊びたい」「半分こしたお菓子、本当は全部1人で食べたかった」など、あまりいい子ではない本心があり、それを私は恐ろしいと思いました。「自分の本心は自己中心的なものだ！　これを言ったら誰にも可愛がられない」と怯《おび》えたのです。

だから幼稚園でも小学校でも自分の意見や本心は言わず、なるべく相手の意見を尊重しました。それが一番人間関係を円滑にする方法だと思っていて、いつしか無意識レベルの信念になっていたのでした。

この固定観念を発見して認識したとたん、世界の観え方が変わりました。「本心を言ってはいけない」だなんて、これでは自分も相手もつまらないしつらいだけで、真の関係など築けるはずもない！　人間関係を複雑にして、物事に重い意味づけをしていたのは他ならぬ私自身だったのではないかと気づいたのです。

固定観念に気づいてからの私は、人付き合いの中で少しずつ自分を出すようになりました。実は当時、出張が多くて女性の名刺をたくさん持ち帰る主人に不安を抱いていました。「本当に全部仕事？　でもネチネチとくだらないことを言う女だと思われたくない……」と悩んでいたのです。しかし固定観念に気づいたことで、彼に本心を伝えてみようかな、とシンプルに思えました。

「最近ちょっと心配で。いろいろと勝手な想像をして不安になっている自分がいるんだ」と思い切って言ってみると、主人は優しい笑顔で「大丈夫だよ。君の思っているようなことは何ひとつないから」と答えてくれて気持ちがすっと楽になりました。言葉に反応したというより、自分の本心がきちんと伝えられたことに一番ほっとしたのでした。

今までいったい誰に何を遠慮していたのでしょう？　肩の力が抜けて、人間関係が変わっていきました。

これまでの私は自分の気持ちを押し殺すことによって、逆に周りの人を不幸にしてしまっていたと気づきました。自分が自分らしくしていたら周りの人も幸せにできたのに、です。アゲリッチから一番遠いところにいたのですね。

法則4 アゲリッチは〃BOX〃への出入りが自由。

実は人は誰でも、自分が作った「BOX」に入っているのです。

「色眼鏡をかけている状態」だと言えば理解しやすくなると思います。

「固定観念」「考え方の枠組み」「外の世界を観る時のフィルター」、そんなイメージに近いです。

BOXにはそれこそ何万、いえ、何億もの種類があります。

私が後生大事に抱えていた「本心を言うと人間関係や自分の立場が崩れてしまう」というのもBOXで、これを認識した瞬間から私はだいぶラクになりました。

私の人生を変えたBOXの存在はもうひとつあって、それは「バカにされたくない！」というBOXです。

損保での営業職時代、数週間前から準備したプレゼンの後に同僚から「君の発表には心が動かされなかった」と言われたことがありました。いわゆる一流大学を出ている彼のひと言に、「どうせ私は一流大卒じゃないわよ、バカにして！」と心底頭に来て、その日は彼の言葉が頭の中でぐるぐる回り続けていました。

1ヶ月後、またプレゼンの機会が巡ってきました。しかしそんな時に限ってスライドの調子が悪くなり、私はホワイトボードに自分で図を描きつつ、どうにかこうにか説明を終えたのです。出来映えはとうてい納得できるものではなく、落ち込んだまま会議室を後にしました。

ところが例の同僚は、「伊倉さんらしくてすごくよかった。伝えたいこともバンバン伝わってきたよ」と褒めるではないですか！

最初から彼はただ、私らしさが伝わるプレゼンのほうがいいよ、と言ってくれていただけなのでした。前回のプレゼンの時には私はバカにされたくない一心で、かっこよくプレゼンしようという気持ちが強かったのです。彼はそこに気づいて違和感を抱いていたのですね。

その日が、自分の入っている「バカにされたくないBOX」を初めて認識できた日でした。

そのＢＯＸからは「バカにされる風景」しか観えないので、バカにされることばかりが起こります。

出来事すべてを「バカにされているか、そうでないのか」という2つの世界に振り分けているのですから当然の現実です。

でも、ＢＯＸから出るのはとても簡単。「ああ、自分はこんなＢＯＸに入っているんだ」と認識さえできたら、一瞬でＢＯＸの外に出ることができます。

外に出ることができたら、「なあんだ、自分はネガティブなＢＯＸに入っていたから、外の風景がネガティブに観えたんだ」「だから、できないって思い込んだんだ」とわかります。

「バカにされたくないＢＯＸ」から卒業した私の現実世界はがらっと変わりました。

それまで他人の評価や判断を過敏なほど気にして、大げさではなく人生の90％はバカにされないことにエネルギーを注いでいたのです。

その苦しみからすっと解放されたのを感じました。

覚えておいてほしいのは、無理してＢＯＸから出る必要はないということです。無理やり出ようとすると「またこのＢＯＸに入っていた、ダメな自分だ」と、自分が嫌になってしまい、ありのままの自分を認めることから遠ざかってしまいます。

「自分はＢＯＸに入っていたんだなあ。だからあんな風景が観えていたんだ、だからあんな感情が出てきたんだ」と気づくだけで１００点満点です。

これは私を
バカにしているのか!?
バカにしていないのか!?
バカに
されたくない
BOX
なんか最近
太っちゃってさー

「バカにされたくないBOX」に入っていると、
起こる出来事すべてを「バカにされているかどうか」で
判断してしまう。

法則5

人間は〝サゲメロディを自動再生する機械〟だと知っている。

40代女性のクライアント（クライアントとはコーチングのお客様のことです）の方は、子供1人を抱えるシングルマザーです。離婚した元夫との関係に悩んでいらっしゃいました。

「過去のしこりが水に流せずに関係がぎくしゃくしています。彼が好意で何か買ってくれたり、子供のためにいろんなサポートをしてくれたりすることに、どうしても素直に『ありがとう』と言えません……」

こういう時、私はその言葉の大本にあるBOXは何だろうかと考えています。この方の場合は「どうせ私のことは理解してもらえない」というBOXに入っていました。幼い頃からの経験、周囲に言われたこと、社会の影響などから作られたBOXです。

ある出来事が起きると、人間は自動的に「BOXにふさわしいメロディ」を再生しています。まるでいつも聞いているお気に入りの音楽のように、頭の中で自動的に鳴り続けています。

たとえば独身のあなたが素敵な男性と知り合った時、ネガティブなBOXはこんなサゲメロディを再生します。

「彼女か奥さんがいるに決まっている」

「私みたいなブスは好みじゃないはず」

「こういう素敵な人が私なんて相手にするわけがない。夢みたいなこと考えたって傷つくだけだ」

でも、それはあなたが悪いのではありません。サゲメロディは過去をふまえて、あなたを守るために自動的に流れ出します。

私がかつて入っていた「本心を言うと人間関係や自分の立場が崩れてしまう」というBOXは、子供時代の私が家族や社会の中でアイデンティティを保つための鎧《よろい》でした。この鎧のおかげで無力な私は人間関係のバランスを保ち、安全でいられたのです。

こういった鎧は誰でも持っていて、小さい頃の自分を守ってくれています。

しかし成長して自立した大人になればもう鎧は必要ないのに、ずーっと手放さずに大切に取っておくことがあります。「これがあれば安全だ」と無意識に思っているのです。

私の場合は、このBOXが小さい頃に私を守ってくれた鎧だったと気づくと愛《いと》おしくなって、「ありがとう！　でも、もう卒業するね！」と心の中で声をかけ、次のステップに進むことができました。

冒頭の女性は自分が「どうせ私のことは理解してもらえない」と思い込んでいたと気づいたことで、彼に対して「ありがとう」が自然に出てくるようになりました。すると彼はさらに何か力になろうとしてくれて、お互いに尊重し合える関係へと発展したのです。

あなたもこれからは、「またネガティブなことを考えてしまった」「私の暗い性格がダメなんだ」と自分を責めなくても大丈夫。

「そうか、人間ってそういうものなんだ。機械的に反応してメロディを流してしまうんだ」と客観的に知ることが大切で、それがわかれば自分をサゲずにすみます。

本来のあなたは、リスペクトされるべき素晴らしい存在なのですから。

法則6

アゲリッチは夢を遠ざける〝サゲワード〟が大嫌い。

サゲメロディの中には頻出フレーズがあって、私はそれをサゲワードと呼んでいます。

代表的なものは、

「どうせ○○だから」「まだ○○だから」「できないのは○○のせい」

の3つです。

「どうせ成功する人は特殊な才能を持っているに違いない、私にはそんな才能がないから成功できないんだ」

「まだダイエットに成功していないから、振り向いてもらえないはず」

「出世できないのは学歴がないせいだ」

サゲワードはこんなふうに、知らず知らずのうちに夢の実現をブロックしてしまう恐ろしい言葉です。

意外なところでは、前向きな印象の言葉がサゲワードになっていることもあります。

経理事務をしている40代男性のクライアントは、そろそろ結婚したいと思い始めたものの、パートナーのご縁がまったくありませんでした。

コーチングを重ねて彼が自分を深く理解するうちにわかったのですが、彼のサゲワードは「そうですねぇ」というなにげない口癖だったのです。

問題に肯定的に取り組んでいるようでいて、彼の場合は物事を否定的に捉えていたり、面倒に感じていたりする時に出る口癖で、この言葉で自分にブレーキをかけていたのでした。

「自分には能力が備わっていないのではなく、自分でブレーキをかけていただけなのか！」と気づいた彼からは自信が満ちあふれました。それが表情や言葉に如実に表れ、笑顔がとっても素敵になり、わずか4ヶ月後に婚約、見事ご結婚されました。

恐るべしサゲワードですね！

人間は実はとってもシンプルです。夢の実現や成功に必要なのは、能力や才能ではないということがこれからだんだんご理解いただけることでしょう。

法則7

アゲリッチは自分を〝ゼロポイント〟に置くのが得意。

「あ、またBOXに入っていたみたい」

「サゲメロディが流れたけど、これは機械的に反応しただけだ」

と思えるようになると、だんだんと自分をゼロポイントに置くのが得意になります。

ゼロポイントとは、ネガティブとポジティブのちょうど真ん中の、ゼロ地点です。ニュートラルになれる位置のことをこう呼んでいます。

出来事には本来決まった意味などありません。仏教でいう空《くう》です。それなのに意味や解釈をつけるのは、人間が持つすごい機能です。

道路を歩く猫にカラスの糞《ふん》が命中したら、猫は「あー、今日は運が悪いなぁ」などと思うでしょうか？

しかし人間の場合は「どうしてこんなに運が悪いんだあー！」と思ったまま、暗い表情で就職の面接に行って試験に落ちてしまうかもしれません。

あるいは「運がついたー！　ラッキー！」と思いながら合コンに行き、「今日は超ラッキーだったよー。歩いてる僕にカラスから運がつきまくったよ」なんて笑い話にして彼女をゲットしてしまう人もいるかもしれません。

出来事に無意識に意味をつけて「運がいい・悪い」「自分はすごい・ダメだ」などと思い込んでいるのが人間なのです。

ゼロポイントにいれば、出来事に対して「ネガティブ」「ポジティブ」という二極化の思考がなくなります。過去にしばられない、純粋に「今ここにいる　Be here now!」の感覚です。

たとえば、やってみたかったプロジェクトのリーダーを任されるチャンスが訪れた時。「どうせできないに決まってる」「私はまだ準備が足りていない」と、おなじみのサゲメロディが流れるかもしれません。

しかし瞬時に「これは自分の本心ではなくて、機械的に反応したんだ」と捉えられたら、あなたは自分をゼロポイントに置くことができたというわけです。

ゼロポイントの感覚を体験することはとても大切です。ちっとも難しくはありません。

誰でもできるようになります。
「これは脳が勝手にやったことだ」と、気づくだけでいいのです。
これができるようになれば感情に行動をじゃまされることがなくなっていきます。

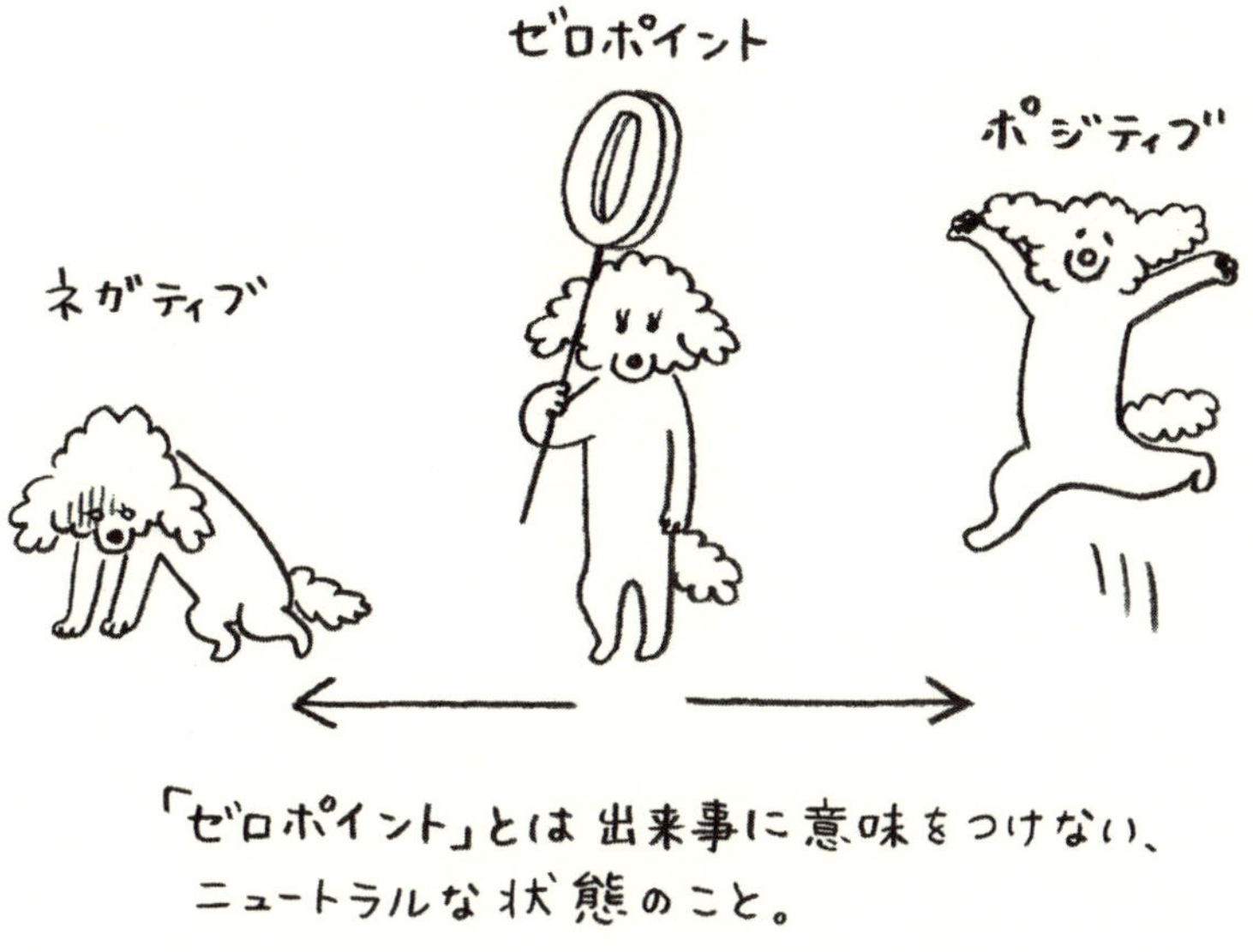
ゼロポイント
ネガティブ
ポジティブ
「ゼロポイント」とは 出来事に意味をつけない、
ニュートラルな状態のこと。

法則8

出来事そのものには善悪も、決まった意味もない。

「出来事に決まった意味はない」ということについて、もう少しお話しさせてください。

たとえば夫が仕事からなかなか帰ってこない日、妻の頭の中では自動的にこんなメロディが流れることでしょう。

「なんでこんなに遅いの？」「残業かな……」「仕事ばっかりで体壊さなきゃいいけど」「いや、きっとまた飲み歩いてるんだ」「浮気してるんじゃないかな」「あーあ、また夕食が無駄になった」

すると、次にそのメロディにぴったり合った感情が湧いてきます。怒り、疑い、悲しみ、希望、心配などいろいろです。その感情によって、行動が引き起こされます。

もしサゲメロディが流れて、怒り、焦り、疑いの感情が湧いてきたなら、妻は玄関に仁王立ちになって夫を待ち構えることになります。

妻「こんな時間まで何やってたのよ、なんで連絡くれないの！」
夫「今やっているプロジェクトが忙しいんだよ。今月中には仕上げなければならなくて……」
妻「いくら忙しくても電話の一本やメールの一本ぐらいできたでしょ！　こっちはごはん作って待ってたんだから」
夫「そんなこと言ったって、仕事だったんだからさあ」
妻「仕事なら何でも許されると思ってるの？　私と仕事とどっちが大事なの！（本当は浮気してるんでしょ。私になんてもう関心ないんだ）」
夫「……（なんでわかってくれないんだ、疲れているのに……ああ、めんどくさいなあ）」

残念なことに、これでは互いの不満は高まる一方です。

こうなる理由は、妻が「男は浮気するものだ」「彼はもう私には興味がなくなっているにちがいない」などのＢＯＸに入っているからです。

このＢＯＸに入っていると、たとえば夫が誕生日を覚えていてくれなかったという出来事に対して、「やっぱり私のことなんてどうでもいいんだ、他に好きな人ができたんだ」といったサゲメロディが流れます。

ＢＯＸの外に出てみれば、誕生日を覚えているかどうかと愛情はイコールではないと気づくはずです。

一方、アゲメロディが流れていれば、遅く帰ってきた夫を次のように迎えることができます。

妻「お帰りなさい、遅かったね（ああ、無事に戻ってきてくれた。事故じゃなくてよかった！）」

夫「ごめんな、いまやってるプロジェクトがなかなか終わらなくて（あれ、心配してくれていたんだ）」

妻「そうだったんだね（仕事に夢中なんだな、がんばってるんだ、偉いなあ）」

夫「つい仕事に夢中になっちゃって……（悪かったなあ、電話一本すればよかった）」

妻「今度から遅くなる時は電話してね、安心できるから（もっと支えてあげたいな）」

夫「今度からそうするよ（こんなに自分のことを思ってくれてるのか、もっとがんばる

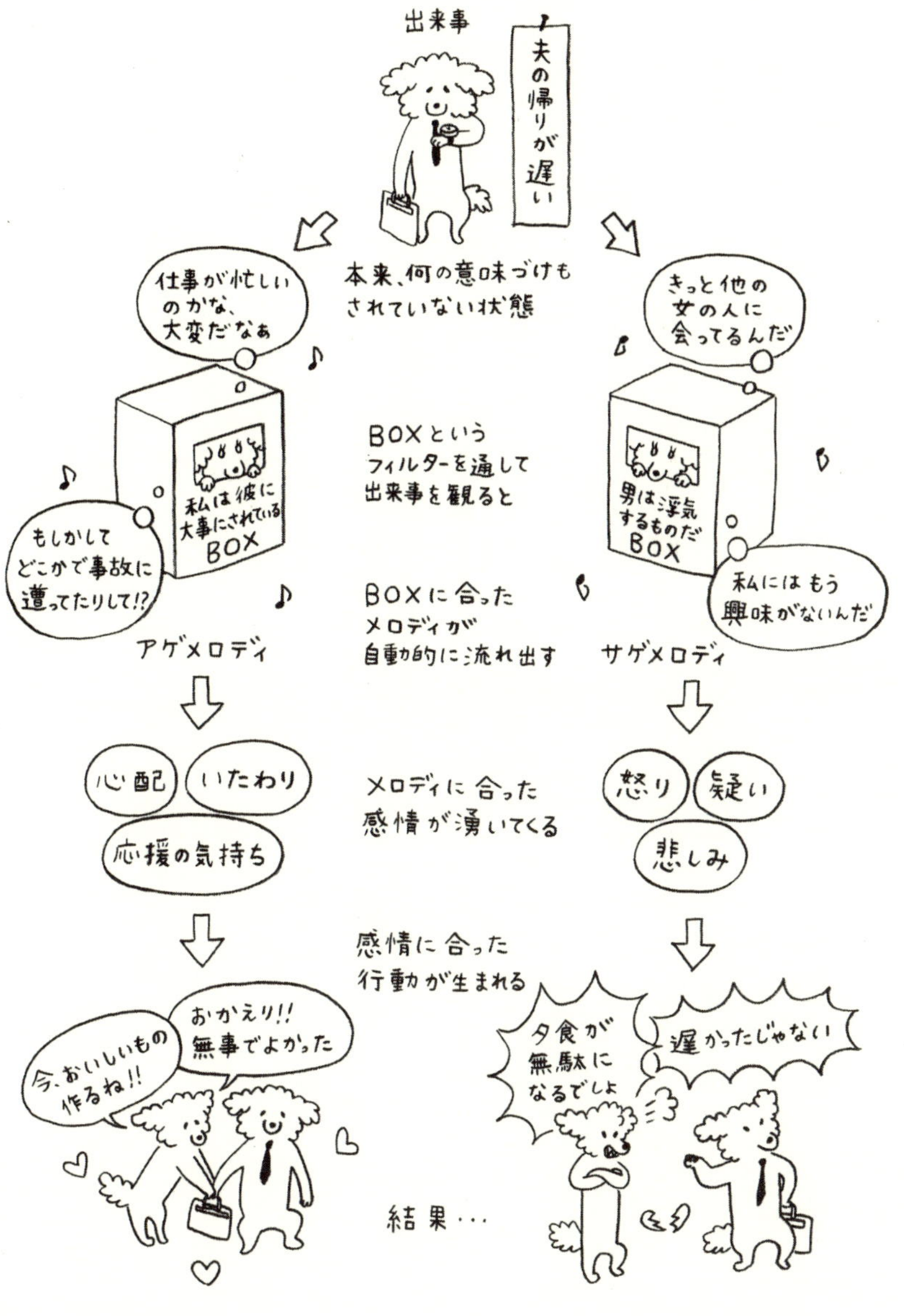
出来事
夫の帰りが遅い
本来、何の意味づけもされていない状態
仕事が忙しいのかな、大変だなぁ
きっと他の女の人に会ってるんだ
BOXというフィルターを通して出来事を観ると
私は彼に大事にされているBOX
男は浮気するものだBOX
もしかしてどこかで事故に遭ってたりして!?
私にはもう興味がないんだ
BOXに合ったメロディが自動的に流れ出す
アゲメロディ
サゲメロディ
心配
いたわり
応援の気持ち
メロディに合った感情が湧いてくる
怒り
疑い
悲しみ
感情に合った行動が生まれる
おかえり!! 無事でよかった
今、おいしいもの作るね!!
夕食が無駄になるでしょ
遅かったじゃない
結果…

ぞ！）」

妻「ごはん、まだでしょ（おいしいもので元気になってほしいな）」

この会話なら絆がいっそう深まりそうです。

「彼は信頼できる、私は彼に大事にされている」というBOXに入っていれば、それがアゲメロディにつながり、プラスの感情が湧き起こり、言葉や態度という行動に表れて、夫からプラスの反応を引き出すことにつながります。

これは恥ずかしながら私の実体験です。前に述べたように、帰りが遅い夫を疑っていたことがありました。勝手に妄想して一人で苦しんでもがいていたのです。今なら「バカみたい」と笑えますが、あの頃は本当に苦しかったです。

本来、出来事にはすべて、いいも悪いもありません。脳が自動的に流すメロディからプラスやマイナスの感情が生まれ、行動に結びつき、それが現実化しているだけなのです。感情だけを変えようとしてもうまくいきません。その前段階の、出来事に意味づけしているBOXから自由になることが重要なのです。

離婚寸前だとおっしゃっていた30代女性のクライアントの方にこの法則をお伝えしたと

ころ、半年後には「ラブラブな関係に戻れました！」と嬉しい報告をいただいたこともあります。

どんなＢＯＸに入っているかによって結果はまったく違います。万が一、夫が本当に浮気をしているとしても、サゲワードの会話では未来はありませんが、アゲワードの会話ができれば状況がよい方向に変わっていく可能性があるのです。

法則9

ＢＯＸを使えば他人の影響を受けず、ありたい自分でいられる。

ＢＯＸは使い方次第であなたを自由にしてくれたり、よい方向に導いてくれたりするパートナーにもなります。ここではおすすめの使い方をいくつか紹介します。

①相手のＢＯＸに入る

言い争いの絶えない母と娘がいます。母は常々「早く結婚して孫の顔を見せてちょうだい」と言い、娘は「私にはまだそんな気はないよ。仕事だってようやく重要なポジションを任されたのに！」と反発しています。

このままではいつまでも平行線のままですが、相手のＢＯＸに入ることができると違う世界が観えてきます。つまり、相手のフィルターを通して物事を捉えてみるのです。やり方は相手の立場を尊重し、観ている世界に興味を持つこと。これだけです。すると、

「ああそうか、お母さんは〈女は結婚して子供を産んでこそ幸せ〉というＢＯＸに入っているから、私の幸せを願って結婚してほしいと言っているんだ」

「娘は〈何にも縛られず、自由に生きていきたい〉というＢＯＸに入っているから、私の言うことに反発していたのね」

と理解して相手を尊重することができるので、感情が爆発したり、感情に流されたりすることはなくなります。

人はみんな違うＢＯＸに入っていて、そこから観える風景がその人のすべてです。同じ世界を観ているのではないのだから、ひとつの出来事に対していく通りもの解釈があることにも、納得できるのではないでしょうか。

美しく咲き誇る薔薇を見て、「綺麗だなあ」という感情は誰とでも共有できることでしょう。しかし、どのあたりが綺麗なのかという感覚は人それぞれに違っています。「花びらの色が綺麗」かもしれないし、「花弁が開きかけたバランスが綺麗」かもしれないし、「全体のカタチが綺麗」かもしれません。共感はし合えても、観えている風景は違っているのだと認識することが大切です。

②ＢＯＸで相手の心をつかむ

相手のＢＯＸに入ることができるようになると、仕事にも生かせます。私は損保での営業職時代、常に全国トップ10の成績で、何千件という法人契約を結んできました。しかし実は一度も「クロージング」というものをしたことがないのです。

クロージングとはそのままの意味では「契約締結」ですが、お客様に契約を決断していただく最後の仕上げ、というような意味で使われます。お客様の懸念をひとつひとつ取り除き、タイミングを見極めて最後のひと押しをする……というのが、一般的なクロージングのテクニックです。

しかし私の場合はいつもお客様のほうから「どうすれば契約できますか？」「契約したいので来てください」「この間の話を詳しく聞きたいから、すぐ来てほしい」と言っていただきました。

私がやっていたことはたった2つです。ひとつは相手のＢＯＸに入ること。もうひとつは、会話をしながら相手の可能性をどんどん広げて、そのイメージを一緒に体験することです。

この2つでお客様はご自身を深く深く理解することができます。この感覚を味わったお客様は、私と過ごす時間を心地よいものだと感じ、私という存在がそばにいるのが当たり前だと思ってくださるのです。

③無理矢理入れられたＢＯＸから出る

無理に相手のＢＯＸに入れられた時は違和感があって、いや〜な気持ちになります。たとえば高圧的な態度でクレームをつけるお客様。「こっちは客よ！　あんたは店員なんだから、客の言うことを聞きなさいよ」などと言って、あなたを支配するために自分のＢＯＸに無理矢理入れようとします。自分の観ている世界にあなたを引きずり込もうとするのです。

いい気はしませんし、「やめてほしい」「偉そうなこと言うな！」と、いや〜な感情が湧いてくるでしょう。

こんな時は「ああ、今自分はこの人のＢＯＸに勝手に入れられたな」と認識してみてください。「相手に入れられただけで、自分の意志で入ったんじゃない」と認識した瞬間に、ＢＯＸから出ることができます。他人にコントロールされている居心地の悪さがなくなり、自分が自分をコントロールしているという心の余裕が生まれてきます。

それによってお客様への敬意を保ちつつ、クレームや不満をしっかり受け取れるようになるのです。

すると、自分の話を100％受け取ってくれるあなたに相手は敬意を示し、最後にはあなたのファンになってくれます。私は何度も経験がありますが、「やっと私を理解してくれる人が現れた！」と思ったお客様は、そこからヘビーユーザーに変身してくれるのです。

④自分のBOXに入れる

自分のBOXに他人を招くこともやってみてください。

不動産会社の部長をしている40代男性クライアントの方の体験です。

一級建築士である彼とそのチームはホテルの改修を請け負いました。重要な写真撮影を控えた前日、現場に足を運んだ彼らはまったく完成していない状況を見て愕然としたそうです。チームの面々に絶望の表情が浮かびます。全員が「不可能BOX」に入っているのがありありとわかったそうです。

そこで彼は全員を集めてミーティングをしました。

「『諦める』ってところから仕事をするんじゃなくて、『可能だ』ってところから仕事をしよう。ここは必ず、明日までに完了した現場にする！」

と宣言し、「可能ＢＯＸ」にメンバーを招いたのです。そこからは全員の力と知恵をふりしぼって徹夜で作業し、奇跡的に翌日には完成。出来上がった時は感動もひとしおだったといいます。

他人を自分のＢＯＸに招き入れると、同じ方向を向いて一緒にアガっていくことができるのです。

感情を乱される出来事が起きたら、ＢＯＸを思い出してください。「最高の自分ならこの場面でどうしたいだろう？」「この出来事にどう意味づけをしようかな？」という視点で眺めてみるのです。するとたった1分で気持ちが落ち着き、最善の選択ができるはずです。

法則10

適齢期は自分で決める。

あなたの夢はいったいいつ実現するのでしょう。1年後？　5年後？　30年後？「そんなに長い間は夢を追いかけられない！」と諦めたくなってきます。

実は、時間を飛び越えるのは意外と簡単です。

すでに科学的に証明されていますが、時間は伸び縮みします。しかし科学を持ち出さなくても楽しい時には時間は早く進み、つらい時や悲しい時は時間がゆっくり進むように感じるのは経験的におわかりのことでしょう。同じ時間を過ごしても、人によって時間の流れの感覚は異なります。

「結婚適齢期」という言葉があります。広告やメディアによって広く世の中に浸透しました。少し前なら24歳頃を「クリスマス適齢期」と言いましたし、最近だと30歳前後だと認識されているようです。

この言葉が広まったがために、焦ったり苦しんだりする人が大勢出てきました。時間にがんじがらめになってしまったのです。

本当は結婚適齢期だなんてどうだっていいことですよね。好きな人と結婚しようと思った時期が「適齢期」です。ところが結婚適齢期という言葉が広まったことで、時間が制限されたように錯覚してしまいます。自分からアリ地獄に落ちて、もがいているようなものです。

あなたの「適齢期」は、すべて自分で決めればいいのです。人に決められる必要はありません。姉が30歳で母になったから、自分も30歳までにはならないといけない。先輩は35歳でチーフに昇進したから、私も同じようにならなければならない。

それらはすべて錯覚です。

法則11 アゲリッチは未来から時間を持ってくる。

では、時間とは本当はどういうものなのでしょうか？

一般的に想像するのは、過去から現在、そして未来へと延びていく階段や道路でしょう。過去があってそれが未来へつながっている。過去の自分が未来の自分を作る。下から上を見上げる。

すると時間が葛藤を産みます。「あと何年がんばれば、理想の未来に辿《たど》り着けるのかな、自分には無理そうだな」と。

ひとつひとつ階段を上がっていかなければならなくて、その努力はつらくて大変なことだと思ってしまいます。過去の経験が、今のあなたの思考に制限をかけるのです。それが、時間が葛藤を産むということです。

でも、アゲリッチの時間の捉え方は逆です。未来から今の自分を観るのです。上から下を観ています。

　過去に立って未来を観るのか、未来に立って今の自分を観るのかでは、まったく違った世界が観えてきます。過去から未来へは、上るのが苦しい階段です。でも未来から現在へはかろやかな瞬間移動なのです。

　HKT48の指原莉乃さんは、小さい頃からアイドルになるのが夢だったそうです。オーディションの時の映像を観たことがありますが、「自分はすでにトップアイドルだ」と

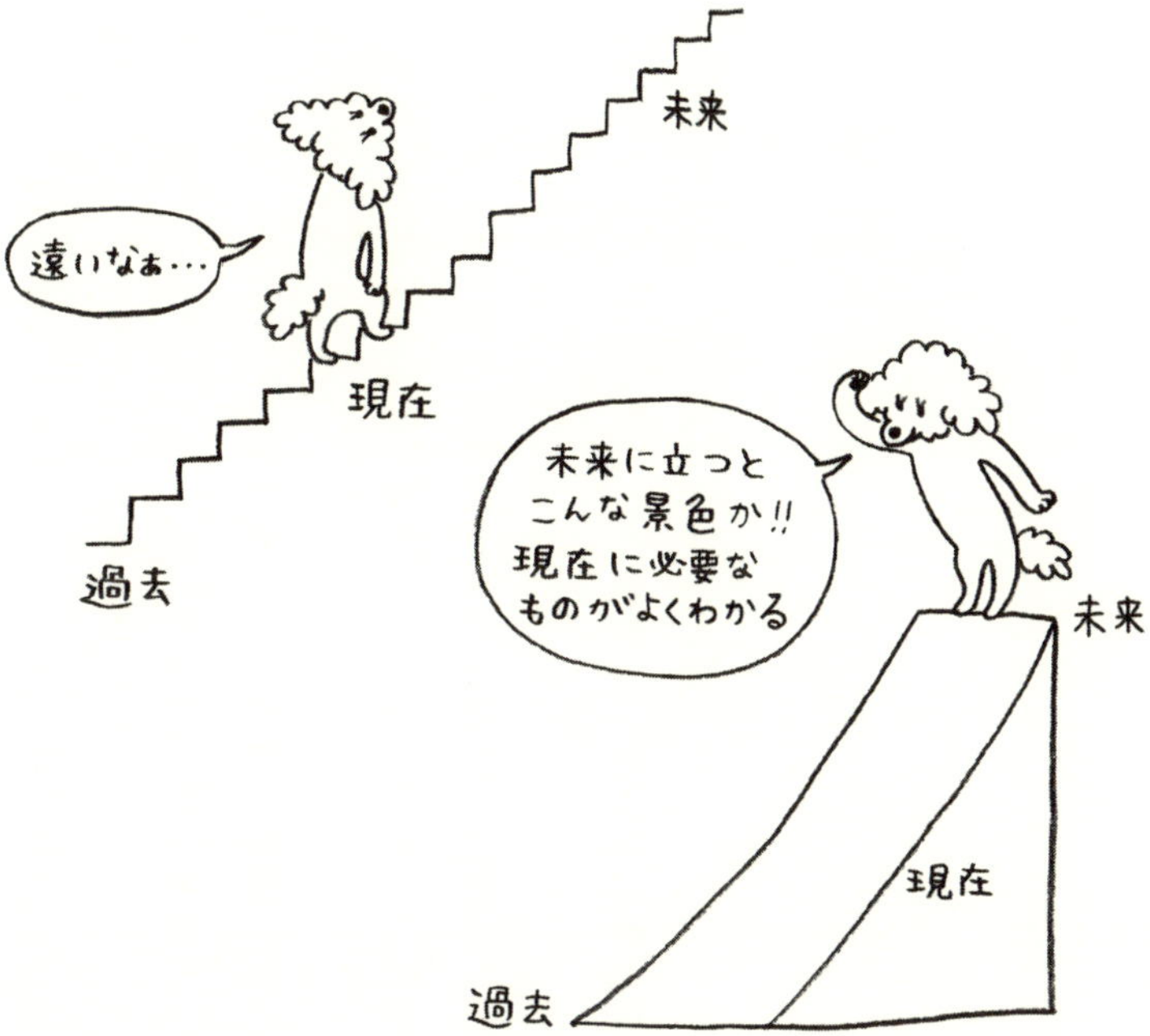

未来
遠いなぁ…
現在
過去
未来に立つと
こんな景色か!!
現在に必要な
ものがよくわかる
未来
現在
過去

信じて、なりきって、オーディションを受けているのがよくわかります。その結果、彼女はテレビや雑誌に引っ張りだこの本物のトップアイドルになりました。

普通の女の子がここまで上りつめるには並外れた努力があったはずです。歌やダンスのレッスンに時間を割き、印象に残るインタビューの答え方を研究し、長時間の移動に耐え、睡眠不足とは毎日闘い続けていることでしょう。

でも、彼女はそれを「トップアイドルになるためのつらい努力」とは思わなかったはずです。「自分はすでにトップアイドルだから、レッスンや睡眠不足は当たり前」と思い続けてきただろうからです。

今、この瞬間のあなたを「夢をかなえた自分」として未来から観れば、時間の葛藤がなくなります。するとつらい努力もなくなります。「成功した自分としてやるべき当たり前のこと」があるだけです。

夢をかなえた自分として、時間をかろやかに移動してしまいましょう。

法則*12* 感情は自由に選べる。

法則11で指原莉乃さんの例を紹介したように、アゲリッチは常に「ポジティブな未来」に自分を置いています。

会社で大きなプロジェクトを立ち上げることになり、メンバーが選ばれることになったとします。これはあなたがやりたかった仕事で、選ばれるために努力を重ねてきました。

ところが発表の日、あなたは選ばれませんでした。

その時、アゲリッチはこの出来事をどう捉えるでしょうか。

次のページのイラストを見てください。あなたは現在であるAポイントにいます。

「あんなにがんばったのに、私の努力は無駄だった。上司は見る目がない！」と思った瞬間、あなたはAからCに移動しています。過去をネガティブに捉える感情に支配されています。

「努力したことは私を向上させてくれた。今回はタイミングが悪かっただけ」と思ったとしたら、あなたはBに移動しています。過去をポジティブに捉える感情です。

一見よい捉え方のようですが、アゲリッチは常に「未来」を向いているべきで、過去に捉われるべきではありません。

「きっとこれからもいくらがんばってもダメだ」とそんなふうに思ったなら、あなたはEに移動しています。未来を

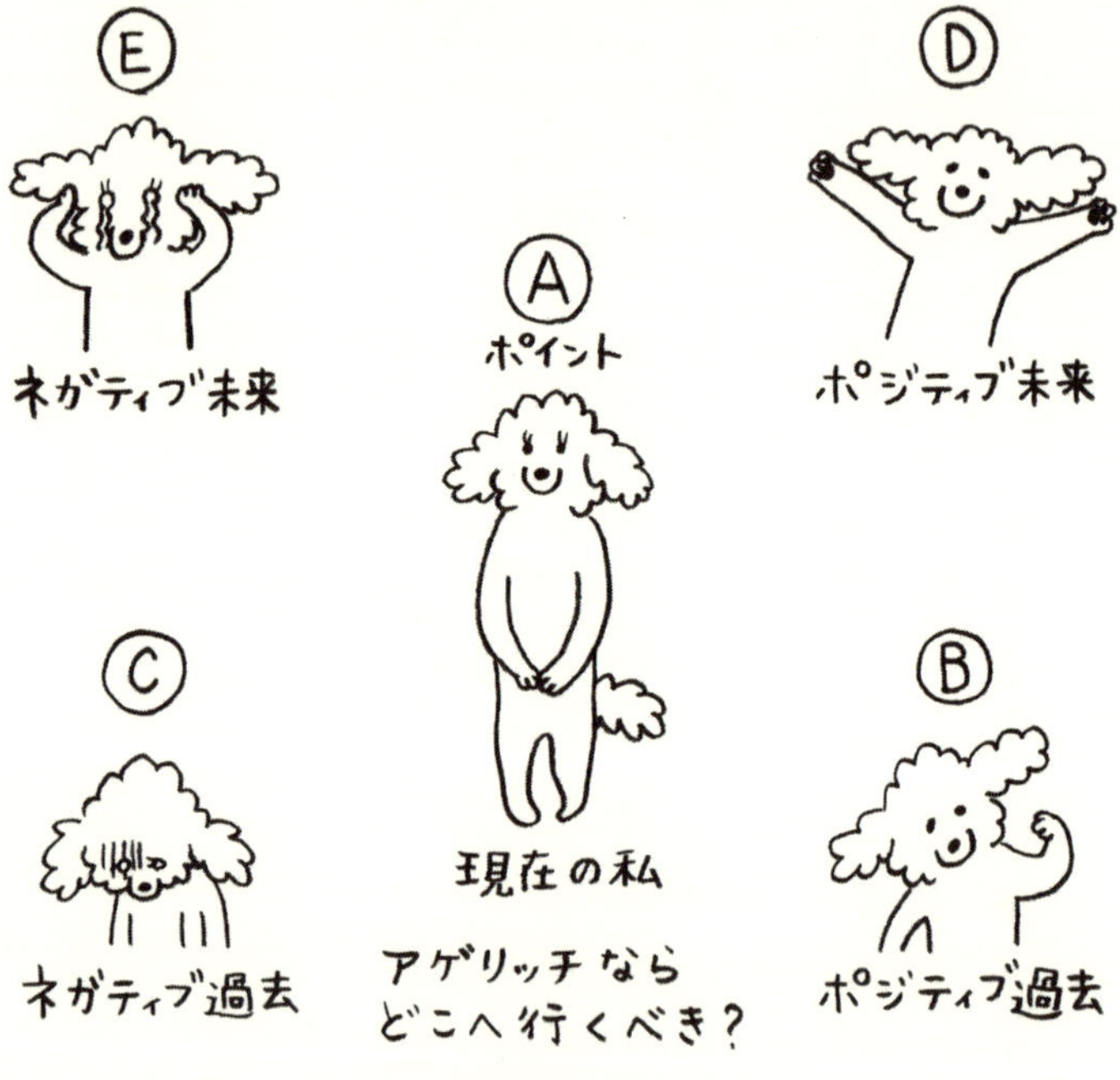

いつも俯瞰してみよう。

ネガティブに捉える感情に支配されているのです。

被害者意識は「かわいそうな自分」という甘い感情を味わえますから居心地がいいのですが、アゲリッチであるあなたなら、こう思うはずです。

「きっと私はこれよりさらにすごいプロジェクトで選ばれることになっているから、今回じゃなかったんだな」と、Dに移動します。

未来をポジティブに捉える感情です。

人間はすべての物事を都合のいいように意味づけしているのですから、B〜Eのどの感情も自由に選択できます。

このイラストのように俯瞰《ふかん》すると、今の自分の感情がどのエリアにいるのか、過去・未来・ネガティブ・ポジティブのどこに焦点を当てているのかがはっきり観えてきますので、ぜひ頭の片隅に置いておいてください。

意外と簡単なことで、あなたはアゲリッチである本来の自分を取り戻せるはずです。

法則13

アゲリッチへの道を邪魔するのは、誰かをねたむ心。

時として、面倒な感情がアゲリッチへの道を邪魔します。「ねたみ」の感情です。

「私のほうがあの人より仕事ができるのに、なんで上司の評価はあの人のほうが高いの？」

「ちょっと高学歴だからって偉そうな人」

「お金持ちのお嬢様だから苦労がなくていいよね」

人と比べ始めると、とたんに自分で勝手に〝落ち〟て、サガってしまうのは誰でも経験のあることですよね。感情があなたをマイナスの世界に連れていってしまいます。

ただ、嫉妬はひとつのサインでもあります。人は、あまりにも自分とかけ離れたレベルの相手には嫉妬の感情を持ちません。ねたむということは、相手ができることは自分にもできるし、さらに上に行く準備もできているというサインなのです。

ねたむ気持ちが芽生えたら、「視点が他人との比較に向いているな」と認識して、自分の人生に視点を戻します。今この瞬間、どこを観て生きているのかを意識するのです。

そして「本当に誇り高いアゲリッチの私だとしたら、どうしたいのかな?」と思い出してください。素晴らしい存在であるあなたなのですから、他人との比較に向けていた嫉妬のエネルギーを、あなたのヴィジョンへのエネルギーに変換しましょう。

「こんなに素敵で仕事ができる私を選ばないなんて……残念な上司!」

「今はまだ私が登場するには早すぎる。場をあっためておいてもらわないとね。それまでに私もさらにバージョンアップして進化し続けよう」

これがアゲリッチの思考です。

自分の視点が向いている方向を意識することで苦しい嫉妬から解放され、次へと進むことができるのです。

法則14 トレードオフは必要ない。両方手に入れる。

人生には「トレードオフ」が溢れています。一方を追求すると一方が犠牲になってしまって両立できず、どちらかひとつの選択を迫られる場面です。

「仕事か結婚か」「仕事か子育てか」「経済的安定かやりたいことか」「親の介護か自分の人生か」……。

さあ、どっちを取るの？　とさまざまな場面で選択を迫られます。とくに女性の場合は家族の世話をするべきという世間の風潮がまだまだ根強いこともあり、どちらかを選び、どちらかを諦めなければならない苦しみを味わいがちです。

しかし、本当は両方、手に入れていいはずです。どちらかを選ばなければならないと、無意識に自分で「枠」を作っている可能性はありませんか。

たとえば妊娠がわかった時、責任感の強い人ほど「出産や子供の世話で職場に迷惑をかけるだろう」「私レベルの代わりなんかいくらでもいる」と思い詰め、「周りのために」仕事を諦めて家庭に入ることを選んだりします。でも、上司に相談したら時短勤務の制度を教えてもらえるかもしれないし、出産経験のある人に相談したらいいアドバイスをくれることだってあるでしょう。

「私が我慢すれば丸く収まる」「みんなのためだ」と、そのような自己犠牲的な会話を頭の中でしないようにしてください。自分の選択を、何かのせいにするクセは禁物です。

すべてはあなたの脳の、勝手な思い込み。両方選んだってOKなのです。

余計な苦しみから自分を解放して、自分で作っている枠をブレークスルーし、本当に望む未来を手に入れてください。

法則15
アゲリッチは年齢を言い訳にしない。

もう若くないから、今さら新しいことにチャレンジなんてできない。あるいは、まだ若いから起業は早すぎる。そんなふうに年齢を持ち出して、できない理由にする方がいらっしゃいます。そんな方に私がよくお尋ねするのが、

「今日がご自分の残りの人生の、最初の日だとしたらどうですか？」

という問いです。

今日が残りの人生の最初の日だとしたら、何を始めてもＯＫですよね。フレッシュな気持ちが溢れて、なんでもできるような気がしてきませんか。

年齢を重ねてから始めたことで成功した人はたくさんいらっしゃいます。

たとえばケンタッキーフライドチキンの創業者として有名なカーネル・サンダースは、63歳でフランチャイズビジネスを始め、65歳の時には車1台で全米中を走り回って事業を

拡大させています。

他にも、私のクライアントに80歳で服飾の会社を経営している女性がいらっしゃいます。とてもチャーミングな方で、お話ししていても年齢差をまったく感じさせないほど若さに溢れているのです。

「伊倉さん、それってどういうことですか？　ぜひ教えてください」と、柔軟な思考と遊び心に満ちていて、お会いすると私のほうがコーチングされたようにスッキリした気持ちになります。

ビジネスでは常に次の展開に向けてチャレンジし続け、好奇心いっぱいでいつも前向きな勉強家です。そしてファッションをこよなく愛していて、表情がキラキラしています。私は彼女に出会えたことで、年齢を重ねるのが楽しみになりました。それぐらい素敵なレディです。

「私はもうトシだから」「まだ年齢的に早すぎる」と思えば、脳は確実にキャッチしてそのとおりの現実を作り上げます。経営者の彼女の場合は、きっと最高の自分を常に脳に認識させているのでしょう。チャーミングであることほど素敵な武器はないと思います。

アゲリッチであるあなたは、残りの人生の最初の一日をどう過ごしますか？

Part.2

なりたい未来を作る方法

法則16 アゲリッチには〝最高の状態〟の具体的なイメージがある。

Ｐａｒｔ１ではネガティブな自分を手放すための法則をお伝えしてきました。自分をゼロポイントに置く感覚がつかめてきたでしょうか。ニュートラルになったあなたは、なりたい未来を自由に選ぶことができます。ここからはその方法をお伝えしていきます。

まずは質問です。今のあなたに点数をつけるとしたら、10点満点で何点ですか？

（　　　　　　　　）点

何点がついたでしょうか？

10点満点がついたあなた、素晴らしいです。アゲリッチにだいぶ近づいていますね。ここから数ページは飛ばして大丈夫です。82ページに進んでください。

10点満点がつかなかった方は次のワークを一緒にやってみましょう。

あなたが今、できていること、得意なことを左の欄、もしくは自分のノートに書き出してみます。どんなに小さなことでもいいのです。思いつくままに、どんどん書いてください。

たとえば、私は朝早く起きられる。人に親切だ。ボランティアをしている。料理を冷蔵庫にある材料で美味《おい》しく作れる。仕事に関しては妥協しない。日記を10年以上書き続けている。アイロンがけがうまい。人の話をじっくり聞いてあげられる……。

たくさん書けたでしょうか？

ほら、あなたはもういろいろなことができています。今のままでとっても素晴らしい人なのです。その事実を認めてあげてくださいね。

さて、次のワークです。

さっきは10点に届かなかったあなたですが、今、10点満点の自分になったとします。

そうしたらあなたの現状はどう変わっているでしょうか？　書き出してみてください。

どんな人と仕事をしていますか？

誰と暮らしていますか？

住居は、ライフスタイルはどう変わりましたか？

どこへ旅行しましたか？

ゆうべは誰とどこで何を食べましたか？

他にも思いつく変化をどんどん書いていきましょう。

ではここから、最初から10点満点だった人も一緒にワークを進めましょう。

10点満点のあなたが今、１００点満点のあなたになったとしたら、あなたの現状はどう変わっているでしょうか？

10点満点の時とはいろいろと変わっているはずです。

住むところ、身につけているもの、交友関係、仕事の相手、仕事の内容、どう変わっていますか？

飛行機はエコノミーからファーストクラスに変わっているかもしれません。

五ツ星のレストランでシェフと話しながら食事しているかもしれません。

大切な人と、長い休暇を楽しんでいるかもしれませんし、念願だったお店を開いているかもしれませんね。

ポイントは、できるだけ具体的に書くことです。住んでいる家の間取り、内装、食べたもの、一緒に時間を過ごした人の笑顔、達成した仕事の内容。今あなたの部屋のクローゼットにあるもの。どうなっているかを、思いつくままに書いていきましょう。書くほどに、だんだん楽しくなってくるはずです。

では今度は、1000点満点の自分だったとしたら、どう変わっていますか？　遊び心いっぱいでいいのです。「こんなのできっこない！」はナシです。変更も、取り消しもアリです。どんどん書いていきましょう。

ゆうべの食事の相手はアメリカの大統領だったかもしれません。大切な人とカリブ海でクルージングしているかもしれません。飛行機はもうファーストクラスではなく、プライベートジェットでしょう。それとも隣にハリウッドスターが住んでいるような別荘地で、大好きなガーデニング三昧ですか？　子供たちとスイスで大好きなスノボを楽しんでいるかもしれません。アフリカにあなたの名前のついた学校を建てているかもしれません。ほら、欲しかったものが、気づいたらみんな周りにありませんか？

途方もないこと？　夢物語？　いいえ、自分に制限をかけてはいけません。あなたは今、魔法使いです。何でも思いつくままに書き出します。

1000点の自分がどうしてもうまくイメージできなかったら、300点や500点に変えてもOKです。その時のあなたはどうなっているでしょうか？

書き出す内容のポイントは、「ワクワクするかどうか」です。300点のあなたはどんなことにワクワクしていますか？　500点なら？　1000点なら？

この楽しいワークは思いついた時に、何回でもやってください。バージョンアップも大歓迎！　追加したり修正したりしてください。クスクスと、思わず笑っちゃうような気分になったら大成功です。

具体的にイメージできるということは、すでにその未来の「種」があなたの中にあるということなのです。

もし、なかなかうまく書けないなら、過去の経験が邪魔していて経験からかけ離れたものは想像できなくなっているのかもしれません。

でも、過去の自分と相談する必要なんてないのです！

法則11でお話ししたとおり、未来から現在のあなたを観ていたとしたら、すべての制限はなくなります。未来のあなたは、「すでにそれを達成したあなた」なのですから。

一方で、「こんなこと実現できるのかな？」というもやもやした気持ちがあったら、否定せずにそのままにしておいてください。

実現のための道筋や方法がわかっているとしたら、それは現状維持の状態です。「わかる」ということは、すでに知っていることや過去の経験と照らし合わせているからです。

逆に「どうしたらいいんだろう」と方法がわからないということは、ブレークスルーの準備に入った状態です。

いつの間にか脳が働き出して、現状が変わり始めます。無限大の未来のひとつが動き始めます。

40代女性のクライアントの方は、1000点のイメージで遊ぶこのワークをとても気に入ってくれました。

「自分がこんなに壮大なヴィジョンを持っていたとは、今まで思っていなかったです」

彼女が1000点の自分をイメージして出てきたのは、「ファッションの素材生産の分野で発展途上国の人材育成や雇用促進をして、世界に貢献する」という壮大なヴィジョンでした。一念発起して、日本で2名しか認定されていない難関である国際イメージコンサルタントの資格に果敢にチャレンジし、見事3人目の認定を取得しました。

今では第一線で活躍中の経営者など、お客様の人生の質をどんどん高めるサポートをしています。

ファッション・印象管理の分野からフェアトレードを推進し、世界に貢献するため彼女は日々奮闘しているのです。

1000点の自分を具体的にイメージすることは、そこに至る人生のタイムラインを一旦リハーサルしたのも同じことです。

苦しい勉強期間も、そのあと合格して1000点の自分になる確信があれば、心の底からゴール達成へのエネルギーが湧いてきます。

気楽な気持ちで、あなたのイメージの世界で遊んでみてくださいね。イメージは潜在意識にアプローチする威力があるので、現実が動き始めますよ。

法則17 情報を集めれば集めるほど、夢の実現スピードは加速する。

脳のブレークスルーを助けるために、次は情報を集めます。

たとえば、「世界有数の大富豪と結婚して、自家用ジェットで世界中を飛び回っている未来」を思い描いたとします。

まずはその未来についての情報を集めることです。

大富豪と結婚した一般人にはどんな人がいるのか。日本人に限るとどんな人が実現したのか。大富豪と結婚した人はどんなふうに暮らしているのか……という情報を、とにかくたくさん集めます。現代にこだわる必要はないので、100年前の例であってもOKです。情報源は本でも雑誌でもネットでもよいし、集めるものは文章でも写真でもかまいません。

ある時、身体に障害をお持ちの女性からコーチングの依頼をいただきました。遠方の方だったのでお会いすることはかないませんでしたが、スカイプで3、4時間対話しました。

彼女は「自分の人生、このままじゃいやだ。何かを変えたい！」という強い想いをお持ちでした。しかしそのために何をすればいいかはまだわかっていない様子でしたが、対話が深まるうちに「私は〝障害者〟という言葉をこの世からなくしたい。だって〝障害者〟じゃないから」と、内心を吐露してくれました。

「海外とか、すべての国からその言葉をなくしたいです」という彼女に、「そうなんだ。そのためには何からできそうですか？」と尋ねてみると、「ひとまず海外に行ってみたい気持ちになりました」と、ぼんやりとですがヴィジョンが浮かんできたようでした。

「何からやってみたらいいですか？」と聞かれたので、「まずは海外の情報を集めてみるといいですね」とおすすめしたところ、後日彼女からは『地球の歩き方』を買ってみました。ありがとうございました！」と、うきうきした気持ちの伝わるメッセージをもらっています。

情報が集まるにつれ、なんだ、実現させている人ってけっこういるんだなあ、とハードルが下がります。「簡単だ！」と脳が思い始めます。「この人たちにできたんだから、自分が達成するのは当然だ」「私にもできる」と、脳にそう認識させるのです。「達成した」というサクセスの位置に最初から立ってしまえば、状況が一気に動き始めます。

法則18

理想の自分を簡単にかなえるアゲリッチＢＯＸに入っている。

なりたい未来のイメージがだんだん具体的になってきましたね。

今度はあなたのＢＯＸを、理想をかなえるためのものに作り替えます。自分のマインドを最大限に高める「最高の自分ＢＯＸ＝アゲリッチＢＯＸ」を作るのです。

ＢＯＸを作るうえで大切なのは、「どう生きたいのか」「本当はどうなりたいのか」という質問を自分に投げかけることです。「こんな自分だったら面白いな」という方向から考えてもけっこうです。

その答えをひと言でまとめて、ＢＯＸに名前をつけます。たとえば、「どんな状況でもいつも幸せな自分でいたい」なら「幸せＢＯＸ」。「エレガントな人生を送りたい」なら「エレガントＢＯＸ」という具合です。ＢＯＸに名前をつけると自分が入りやすくなります。

長年使っていた「本心を言ってはいけないＢＯＸ」「バカにされたくないＢＯＸ」から

ようやく出ることができた私の場合は、自分が本当に入りたいのは一体どんなＢＯＸかをよーく考えて、理想のＢＯＸを作りました。

みなさんに公表するのはちょっと恥ずかしいのですが、それは「女優ＢＯＸ」です。最高に綺麗でいくらでも素晴らしい演出ができる、そんな理想の自分を突き詰めて考えていったら、私の場合は「女優ＢＯＸ」だったのです。

理想としていた「女優ＢＯＸ」に入ってみた私は、びっくりしてしまいました。「嫌いな上司にもニッコリ笑って対応している、まるで女優のような私」のイメージが映像として観えたのです。

当時、「報告書類はもっと詳細に書くようにね！」と細かく指摘する上司が、大ざっぱな性格の私は苦手でした。口に出して反論はしませんが、「ちゃんと結果は出すから任せてほしい」と嫌な気分になっていました。

ところが「女優ＢＯＸ」に入ったイメージの世界では、上司にニッコリ笑って対応できて、さらに笑顔を引き出そうとすらしていました。すると相手もニッコリして私の仕事を褒めてくれて、互いのコミュニケーションが深まる展開まで観えたのです。

そうか、こういうイメージでやってみればいいんだ。理想とする世界のイメージをつかんだ私は、「女優ＢＯＸ」を意識して毎日を過ごしました。すると実際に、それまで嫌いだった上司と上手にコミュニケーションが取れるようになったのです！

報告書が大ざっぱすぎると注意されたら、

「あっ、確かにそうですね！　課長は私の成果を応援してくださるからこそ、こうして言ってくださるんですよね。ありがとうございます！」

「まあ伊倉さんなら心配ないのはわかってるんだけどね」

「今度から報告書は丁寧に書くようにします。ただ詳細は口頭で報告してもよろしいでしょうか。そのほうが直接課長から教えていただけて勉強になります」

そう答えると上司はニッコリ笑って、それ以降はうるさく注意されないようになったのです。むしろ積極的に私を応援してくれるようになり、コミュニケーションの質が変わりました。

あなたが本当に作りたいのは、どんなＢＯＸでしょうか。選べるＢＯＸの種類は無限大です。素敵なＢＯＸに想いを巡らせてみましょう。

法則19

脳は勝手に動いて、求める現実を連れてくる。

理想のＢＯＸを作る時には気をつけてほしいことがあります。

たとえば独身のあなたが「結婚しているＢＯＸ」を作ったとします。〝結婚している〟というフィルターで世界を観るようになるので、入っていればもちろん結婚できます。

しかしこのＢＯＸに入っている時、「結婚したら時間を自由に使えなくなるのかな」とか「結婚したら家族のために節約生活になって、好きな服やバッグを買えないのかも」とか、心のどこかで思っていたとしたらどうでしょう？

残念ながら、そのとおりの現実がやってきます。束縛されて自由に外出できなかったり、好きなものが買えなかったりする不自由な生活を強いる相手が出てきます。なぜなら、脳が「マイナス条件つきの結婚」を自動的に探してしまい、あなたが危惧したとおりの状況を作り出してしまうからです。無意識のオーダーは、意識的なオーダーより先にかなってしまいます。

この落とし穴に落ちないためには、ＢＯＸを作る時にちょっとしたコツがあります。自分が本当は何を求めているのかという価値観を明確にすることです。

結婚したいのだとしたら、どんな結婚生活を望んでいますか？　どんな価値観で相手を探していますか？「人生の楽しさもつらさも二人で共有し合える結婚」なのか、「お金に不自由しない結婚」なのか、それとも「経済的にはそこそこだけれど、家族でいつもわいわい楽しく暮らす結婚」でしょうか？

まずは自分の価値観を掘り下げていきます。それがはっきりしてから初めて、実現させたいアゲリッチＢＯＸを作って入るのです。

すると、脳が勝手に動いて現実を引き寄せてくれます。

法則20

アゲリッチはなりきり術で自分をアゲている。

これまでの法則でおわかりのように、アゲリッチになるためには脳をだますことが必要です。

次は、「なりきって、脳をだまして、夢を引き寄せる」ことをやってみましょう。

法則16で想像した1000点満点のあなただとしたら、デートの時にはどんな服を選ぶと思いますか？　大切なプレゼンの時にはどんなふうに話しているでしょうか？　街を歩く時、どんなふうに歩きますか？　気持ちがイラッとした時、どんなふうに感情をコントロールするでしょうか？

化粧、髪型、服、小物などの外見から、会話の内容、話し方、声のトーン、歩き方にいたるまで、今とは全部変わるはずです。行く場所や付き合う人も変わることでしょう。その自分になりきってみてください。1000点の自分が遠すぎてイメージできなかったら、

100点のあなたから始めてもOKです。

なりきるとは言っても、もちろん経済的な制約がありますから、1000点の自分が持っていそうな高級品を今すぐ買い集める必要はありません。できる範囲の中で、心がときめくものを身につけてみてください。妥協して買ったような、心がちっとももときめかないアクセサリーや、バーゲンで安さにつられて買った服なら身につけないほうがいいでしょう。

ジャージ姿で休日を過ごすのをやめて、未来のあなたが休日に身につけていそうな服に近いものを着てみます。たとえば、大好きな旦那さんと一緒の休日に、くたびれたジャージ姿で過ごすでしょうか。こざっぱりとしたコットンのワンピースなどのほうがお似合いです。

やりたかった憧れの仕事についた素敵なあなただとしたら、急な来客でも恥ずかしくない、お洒落《しゃれ》な部屋着を着ているのではないでしょうか。

そんなふうに外見を変えたぐらいで何か変わるの？　とお思いかもしれません。確かに外見を変えただけでは不十分ですが、外見は未来の自分になりきる手助けをしてくれます。

大切なのは、自分のイメージを常に未来の状態に保つことです。夢に向かって直接行動している以外の時間もワクワクした気持ちを保ち続けると、夢の実現はどんどん早まります。

そうやって過ごすうちに、いつの間にか目指している未来のあなたの周波数を出すようになります。物質的なものは後からついてきますので心配ありません。

お金はエネルギーであり、想いです。あなたが決めれば入ってくるのです。必要なお金は、思いもよらないカタチで入ってきますよ。

法則21

憧れのあの人の魅力も、たった今から自分のもの。

その他に、お金をかけなくても未来のあなたになりきる方法はたくさんあります。

ウインドーショッピングでよいものを見ることで、実際に買わなくても、本物だけが持つオーラを味わうことができます。

いつもはファストファッションのお店ばかりに行くのなら、一流デパートの高級服を見て歩けば、世界のトップレディたちがどんな装いをしているかがわかるし、その雰囲気を楽しむこともできるでしょう。

美術館でアートに親しめば目を肥やせますし、一流レストランでもランチなら手軽な価格で素晴らしいサービスと味を体験することができます。

また、具体的な人物をイメージしてなりきるのも、未来の周波数に近づくよい方法です。

憧れている人、あんなふうになりたいという人がいたら、その人になりきってみてください。

憧れのあの先輩だったらこんな時、どんなファッションを選ぶだろう、どんなふうに行動するだろう、どう決断するだろう、どんなメールの返事を書くだろうと、その人になったつもりで考え、行動してみます。幼い頃に楽しんだ「ごっこ遊び」に近いですね。

この状況であの人がどう振る舞うかがわからない、という時には情報が足りていないので、その人の情報をたくさん収集してみてください。

実際にやってみると、時々自分の考えや感覚と、憧れの人がしそうなことと、どちらを優先すべきか迷うことがあるかもしれません。たとえば、面白いことがあったら素の自分は口を大きく開けて爆笑するけれども、憧れのあの女優さんなら控えめにクスクス笑うだけなのではないか……というような場面です。

そういう時は、自分が気持ちよかったり、ワクワクしたりするほうを選んでいれば間違いありません。

誰かになりきったとしても自分の個性がなくなることはないし、なくす必要もありません。誰かに憧れるということは、すでにあなたの中にも共通する何かがあるのです。憧れの人とあなたのよいところが融合して、ダブルの魅力となってあなたのものになっていきます。

法則22　期待せずに設定する。

今までの法則でだいぶアゲリッチ体質になってきましたね。

次に身につけてほしいのは、期待しないことです。

え？　ここまでアゲリッチになる方法を説明し続けて、いろいろ期待させておいてそれはないでしょう、と少しびっくりさせてしまったかもしれません。

「期待する」ということは、まだ実現していないことを、そうなってほしいと願うことです。

「お金持ちになりたい！」と期待すると、今現在お金持ちではない自分を脳に知らせてしまいます。だから「お金持ちになりたいと思っている状況」がずーっと続くのです。

「彼と付き合えますように！」と期待したら、今は彼と付き合っていない、彼に選ばれていない、と脳が判断してしまいます。だから「彼と付き合えますようにと祈り続ける状況」を維持することになります。

あなたがこれまでに脳に送った指令（オーダー）は、いいことでも悪いことでもすべてかなっているのです。

けれどこれまでのワークでわかったように、あなたは未来ですでに「そうなっている」のだから「期待」は必要ありません。未来で１０００点のあなたになっているのだと心から認識してください。

脳には時間という概念がありません。未来も過去も今この瞬間にすべてがありますから、的確に、明確に、脳にオーダーを送ることが大切です。「私がお金持ちになることは決まっている」「私が彼に選ばれるのは当然のこと」としっかり認識し、あとは未来の自分らしく振る舞っていれば現実のほうが変わっていきます。

法則23 好きな人とは必ず付き合える。

法則22で紹介した「期待するのではなく、脳にオーダーを送る」というのは、Introductionに出てきたように私が小さい頃から使っていた、願いをかなえるコツと同じことです。

私がこのコツを恋愛に使ったおかげで好きな相手が必ず告白してくれたと言うと、「信じられない、魔法使いみたい！」と驚かれることがありますが、魔法でも何でもありません。誰にでもできますのでぜひ試してみてください。

その方法は、徹底的に妄想することです。好きな人のことは誰でもつい考えてしまうと思いますが、そんなレベルでは足りません。24時間、意識してその人のことを常に頭の片隅に置くようにするのです。

大切なのは、その人のことを好きだというほっこりしたエネルギーに浸り続けることです。そのためには相手を「いいな」と思った場面を脳内で繰り返し再生します。かけてくれた言葉を思い出したり、何かに一生懸命打ち込んでいる横顔を思い出したり、自分のキュンとするポイントを絶えず思い浮かべます。

また「すでに付き合っている自分」なのですから、脳内では彼女として振る舞います。できるだけリアルに妄想することがコツです。デートで手をつないだ感触、初めてキスする時の彼の緊張した顔、ハグした時の抱き心地……。

それから、付き合っていれば彼から突然デートに誘われてもおかしくないですよね。毎日そのつもりで身支度をするのは当然です。

私がこのコツを使った経験では、相手がデートに誘ってくれるまでにかかった時間は最短で1ヶ月、最長で1年ぐらいだったと思います。

うまくいく秘訣は１００％信じきって行うことです。「こんなことが現実になるわけがない」「彼が私なんて相手にするはずがない」という気持ちがあると成功しません。

面白そうだと感じたら、ぜひ試してみてください。きっと何かが起きますよ。

法則24

毎日ミラクルを起こせるのがアゲリッチ。

脳が現実を変える力を、最大限に高める便利な方法があります。

それは「毎日、その日に起こったミラクルを書き出すこと」です。

手帳やノートにその日のミラクルを書き出します。夜に一日を振り返るのでもいいし、朝に前日を振り返るのでもよいです。

ミラクルなんて言うとちょっと大げさに聞こえますが、内容はなんでもいいのです。たとえば、お店に買い物に行ったら店員さんが素敵な笑顔で「おはようございます」と言ってくれたとか、久しぶりに懐かしい友達からメールが来たとか、自分の意見がはっきり言えたとか、今日は虹を見たなどなど、些細なことでかまいません。

目的は、「自分はミラクルを起こせる素晴らしい人である」と脳に認識させることです。

すると、あなたにとってミラクルが「日常」になります。

普通の人にはミラクルは滅多に起きません。でもあなたは最高の人なのですから、ミラクルは当たり前に起きるのです。

今日のミラクルを見つけて書き出していると、脳はいつの間にか、ミラクルに焦点を当てて始めるようになります。

今日ミラクルが起きたのだから明日もミラクルが起きて当然だ、と脳が思うことで、どんどんミラクルが増える現実が出来上がるのです。

とはいえ、今日は悪いこと、嫌なことしかなかった気がするな……。そんな一日だったら何を書けばいいのでしょう。

そうしたら考えを反転させて、そのネガティブな出来事すらミラクルに変えることにします。

お腹がペコペコの時にようやく見つけたレストラン。ところが予約で満席になっていて、席がなかったとします。ふつうは「ツイてないな」と思いますよね。

しかしアゲリッチたるあなたは、こういう時でもミラクルに変えられます。

「今日はこの店は私にふさわしくなかった。だから席がなかったんだな」

「きっと他に行くべき店があるから、それを教えてくれたミラクルだ！」

と、こんな感じにネガティブな要素をミラクルに変換するのです。

　私のクライアントの方が、とあるコンテストに落ちてしまったことがありました。そのコンテストに向かってかなり努力をなさっていたので、ふつうなら落ち込んだりやけになったりしそうな場面です。

　しかしその方は、「自分は運がいい。この企画はまだ完成されていなかったから落ちた。落ちることでさらに完成度をアゲるチャンスをもらえ

た。もしもコンテストに勝っていたら、自分は天狗になってしまっていたかもしれない」と考えて、さらに精進を重ねたのです。

そして半年後、別のコンテストで見事に優勝を勝ち取りました。

前にもお話ししたように、出来事そのものに意味はなくて、意味づけをしているのは人間です。それならばプラスな意味づけをして、すべての出来事をよいことに変えたほうがアガるのは明白です。

一見ネガティブな出来事も、「この出来事はきっと素敵なメッセージを私に送ってくれているんだ」「自分はなんて運がいいんだろう！」と考えるクセが身につけば、一日の中にたくさんのミラクルが見つけられることでしょう。

法則25 ミラクルは自分でせっせと仕込んでおく。

お誕生日会で突然部屋が暗くなり、バースデーソングとともにケーキが登場！

一見サプライズのように見えますが、誰かが仕込んでいなければ起きない出来事です。

事前の仕込みでサプライズケーキが登場するように、あなたの人生のミラクルはあなたが仕込みます。「今日のミラクル」を書き出してミラクルが起こせる自分作りをするとともに、未来のミラクルの「仕込み」をしておきましょう。

私の場合、この本を出すまでにはいろいろな方との出会いがありました。ご紹介の縁がつながって、本を出すきっかけを作ってくださった出版プロデューサーの方と知り合い、その方を通じて出版社の編集者の方とも出会いました。数えきれないご縁が重なり、今あなたが読んでくださっているというわけです。

でも、実はこれ、私が仕込んでいたのです。

私は本を出そうと決めた時に、仕込みとして大勢の人に自分の考えを話し、協力してくれる方を紹介してくださいとお願いして回りました。その結果、多くの方が出版業界につながる知り合いを次々と紹介してくれて、先ほどのお二人に出会うこととなりました。

夢や願いを言語化すると2つのことが起こります。ひとつ目は無意識だった願いを自分に認識させることができます。2つ目は「夢をかなえるBOX」ができて、その中から世界を観られるようになり、この2つによってミラクルの具現化が加速します。

「言霊《ことだま》」という言葉があるように、願望を言語化するとそれまでゼロだったところに言葉によって世界が生まれます。言葉にはとても大きな力があるのです。

「口に出す」という仕込みをした以外に、出版後の自分はみなさまのために何をすべきだろう、どうしているだろう、どう振る舞っているだろうという「未来からの視点」でも、考えつく限りの行動を起こしました。読者の方にさらなる情報を発信できるようにホームページを準備したり、セミナーの内容を刷新したり、プロのカメラマンに素敵なプロフィール写真も撮ってもらいました。

仕込む時のコツは、気持ちです。嫌々準備していたり、半信半疑だったりすると、あなたから低い周波が出てしまうので低いレベルのミラクルしかやってきません。そして何度もお話ししたように「半信半疑の現実」しか起こらないのです。

でも、「未来の自分のためのミラクルを仕込んでいるんだ！」「みんなで一緒に幸せになるんだ！」というハッピーな気持ちで取り組めば、引き寄せが強力に働くのです。

私のクライアントである30代の女性は、あるバンドの大ファンでした。観客席から彼らを眺める一人のファンでしたが、ライブに行くたびに「彼らのために自分はどんな貢献ができるのか？」をいつも考えて行動していました。そうやってミラクルを仕込んでいたのです。

いつしかスタッフ同然にプロモーションなどに協力するようになり、メンバーと一緒に食事をするようになり、今はライブの企画立案にも携わっていて、思案中だと言っていました。

アゲリッチである自分と同じように目の前の人を笑顔にしたいと願うエネルギーが、あなたにミラクルを引き寄せます。

法則26

思いがけないゴールもある。

夢は思いがけないカタチで実現することがあります。

あるお客様の場合、自分で設定したゴールは「独立」でした。しかし独立に向けて密かに準備していたところ、会社が新しく子会社を立ち上げることになり、その新社長に抜擢されたのです。独立こそしていませんが、彼の描いていた「自分がトップになって会社経営をしたい」「チームを率いて世界的ビジネスがしたい」という夢はかなったのです。

また、インテリアコーディネーターの女性はグローバルなコミュニケーションを勉強するため、ニューヨークに語学留学しました。ハイレベルなセンスで仕事をしてきた彼女は、現地でカップケーキと出会い、その瞬間、魂の底からワクワクした気持ちが湧き上がって、「私が探していたのはこれだ!」とひらめいたそうです。

その後、オリジナルカップケーキの受注販売とカップケーキ教室を始めました。お客様の意向に合わせて作るカップケーキは、誰もが見た瞬間に声を上げて感動してしまうほどユニークでデザイン性があり、SNSでも大反響！　注文が殺到しています。

インテリアコーディネーターだった頃からは思いもよらない転身でしたが、彼女にとっては「人と人とのコミュニケーションをデザインする」というのが本来したかったことだったのです。インテリアコーディネートもカップケーキもその点で共通しています。思いがけないゴールのように見えますが、夢はカタチを変えて本質的な意味でかなったのです。

このように、価値観レベルで夢がかなうことがあります。本人にとっては想像もしていなかったカタチでのかない方かもしれませんが、実は自分でも気づいていなかった心の奥底にある夢や願望が現実化しているのです。

それは、本来願っていたよりもずっといいカタチで、幸せになれる夢のかない方です。

法則27 〝明日の成功を確実にする〝サクセス文〟を書く。

明日は大切な会議や大事な商談、あるいは憧れの人との初デートがある。そのようなどうしても成功させたいこと、ちょっと緊張することを、早々と成功させてしまう方法をお教えします。

前夜にぜひ、未来を先取りした「サクセス文」をノートや手帳に書いてみてください。

たとえば明日、同僚に今度の休日出勤を代わってもらえないかとお願いしなければなりません。でも引き受けてもらえるか、ちょっと難しそうです。

そんな時は「Aさんに休日出勤の交替をお願いしたら、快く引き受けていただきました」と、過去形でサクセス文を書きます。すでに実現したことにして書くのです。他にも、ダイエットをしている時期なら「飲み会の席で揚げ物には手を出さず、スルーできました」でもいいですね。

このように「もう成功した」ことにして書いて、一旦イメージして仮想体験しておくと、脳がそれをすでに実現した事実だと認識するので、本番では望んだとおりにうまく行動できます。

法則9で紹介した、不動産会社の部長である40代男性のクライアントの方は、サクセス文を書いて成功したお一人です。「起業したい！」という志を持ってアゲリッチコーチングを受けにいらっしゃいました。

一級建築士としてすでに日々、ビッグプロジェクトを当たり前のようにこなしている方ですが、やはり起業というのは大きなチャレンジです。不安も大きいようでした。

しかし「毎日サクセス文を書くうちに、ずいぶんラクになりました」と報告してくれました。サクセス文を書くと、時間は未来から現在に流れるのだと毎日思い出すことができます。そして一度未来を経験することで「当然よい結果が出ることを知っている状態」を作り出せるのです。不安まみれにならずにすみますし、「もう達成した状態」から現在を観ることが可能になります。

毎日、サクセス文を書き続けることで彼の言葉にパワーが出てきました。

「2年連続でグッドデザイン賞をもらってトロフィーが2本あるんですけど、今年ももらって3本並べます！」

と宣言し、見事3年連続で受賞したのです。その後は起業の夢も達成し、また新たなゴールに向かって邁進《まいしん》されています。

このようにサクセス文の効果は抜群なのですが、相手がいることだと残念ながら自分の脳をだますだけでは限界もあり、すべて成功するとは限りません。居酒屋のから揚げは自分の意志でスルーできますが、Aさんが休日出勤を代わってくれるかどうかはAさんの事情が関係してくるからです。サクセス文を書いたのにうまくいかなかったら、その時は「今日のミラクル」として書いておいてください。

「Aさんに心を込めてお願いすることができた私は最高です！」と、自分の思いや態度をミラクルとして書いておきます。「笑顔でできた」「最大限に誠意を込めた」でもいいですね。

ぜひ、サクセス文を書く習慣もつけてください。

法則28 〝最高の自分を思い出せる アンカリング〟を持つ。

アゲリッチになるための方法は、脳をだましたり、ＢＯＸに出入りしたり、時間への固定観念を捨てたりすることがポイントです。

しかし、人は生きてきた時間が長ければ長いだけ、考え方にクセがついてしまっています。つい、なじみのあるネガティブなＢＯＸに入ってしまいがちです。

今ではみなさまにコーチングする立場の私も、時々「あ、また悪いクセが出たな」と自分で思うことがあります。

そんな時に強力な味方になってくれるのが、見るだけで正しい考え方や行動に脳を修正する鍵となってくれる「アンカリング」です。

それを見たら自分の未来のヴィジョンをイキイキと思い出させてくれるもの、未来の自分を連想させるもの、それがアンカリングです。

アンカリングにするものは、単語でも文章でも写真でもかまいません。

単語なら未来の自分の状態、「幸せな家庭」とか「超セレブ」とか「一流の料理人」などでもいいですし、文章なら「だって、私はすでに夫に愛されている幸せな妻だもの」とか、「起業して大成功して１００人ものイキイキした社員と仕事に邁進する社長です」でもいいですね。

中でもおすすめのアンカリングは写真です。

未来の自分に近い「第一線で活躍している素敵な人」や「うらやましくなるような家族団らん」や「とびっきり素敵なパートナーとラブラブ」を連想させる写真なら、視覚から脳に一瞬で刺激が届きます。

私がアンカリングにしている写真は、「クライアントの方が成功して『情熱大陸』に出演しているイメージ」「山々に囲まれた素敵な建築のホテルで長期滞在しているイメージ」「皆が好きな道で成功して笑顔で乾杯しているイメージ」「趣味の流鏑馬《やぶさめ》が上手になっているイメージ」「NYでアゲリッチ手帳の個展を開いているイメージ」などです。

ここだけの話ですが、アゲリッチ手帳をミランダ・カーが愛用してくれたらいいな！なんていうワクワクしたイメージの写真もあります。

目にした時に、未来の自分をパッと思い出せて、言葉や行動を修正するキッカケになるものであればいいのです。

アンカリングを見る回数が増えれば、自然と行動や考え方が修正され、選択が正しくなり、アゲリッチ体質になるスピードが加速されます。

法則29 アゲリッチの夜はアファーメーションで終わる。

毎日、お風呂の時間か眠りに落ちる前の10分間ぐらい、心地いいイメージを思い浮かべてください。

未来の最高のあなた、夢をかなえて喜んでいるあなた、大切な人と乾杯しているあなた。過去の思い出ではなく、未来の素晴らしいあなたをイメージしてください。

脳内旅行もいいですね。未来のあなたになって、行きたいところに行ったり、経験したいことを存分に実行したりしてください。そしてその時の心地よさや甘いひと時の楽しさを思いっきり味わってください。

気持ちがゆったりしてきたら、アファーメーション（自分へのポジティブな宣言）をして、自分の脳に未来から「オーダー」を出しましょう。心底リラックスしている時が一番、無意識の世界に入りやすい時です。

口に出してもいいし、心の中で思うだけでも大丈夫です。

「結婚したい」とか「独立してお店を持ちたい」とオーダーを出す人がいますが、前にもお伝えしたように「したい」「なりたい」は「なっていない」という現実を強調しているのと同じです。

「私には素敵なパートナーがいて幸せです」（まだ独身でも）

「快適に寛げる私のカフェでお客様がとてもリラックスしてくださっています。笑顔でありがとうと言ってくださっています」（今は会社勤めでも）

と、すでに実現したものとしてオーダーを出しましょう。映画のワンシーンとして見えているかのように、具体的に細かくオーダーを出すのです。

決して「こんなことできるわけがない」と思わないこと、それが成功の秘訣です。

「自分はとっても素敵だ！」「自分は奇跡的な存在だ！」

と、このように思うだけでも十分です。ぜひ今晩からやってみてください。

法則30 つまずいた時は、自分を見つめ直す。

ここまで身につけてきたアゲリッチの法則を実践してみて、それでもなんだかうまくいかない時は、次の項目をチェックしてみてください。ひとつクリアするごとに、どんどんアガっていけるはずです。

①ネガティブな言葉を使っていないか

発した言葉にはエネルギーがあります。すべての言葉はオーダーになっていて、言葉によって現実が作られるのです。

BOXを作る時やアファーメーションの時にネガティブな言葉や、曖昧な言葉を使っていませんか？　欲しい価値観は明確になっていますか？　もう一度言葉をチェックしましょう。

②自分で時間をコントロールしているか

時間がないからできない。もっと時間があればできるのに……。

いいえ、時間は自分で作り出すものです。まずは自分に「私の時間は私がコントロールする」と宣言し、自分自身にしっかりと言い聞かせます。

人間はつい習慣に引っ張られてしまいます。だらだらテレビを観て時間を過ごすのも、朝の支度に1時間かかってしまうのも、それは慣れ親しんだ習慣だからです。

やっぱり私ってダメだなあと思わなくて大丈夫。過去は未来に一切関係ありません。これまでのできなかった日々はすべて忘れてください。

今日から「すべては自分の選択だ」ということを自分に宣言して、過去に引っ張られないで生きてみます。

③ネガティブな出来事はいいサインと捉えているか

ネガティブな出来事が起こったら、「ああ、いいことが起きた。これは何かに気づくきっかけだ」と思うクセをつけましょう。

未来のあなたからその出来事を観てみると、なんらかのメッセージが込められていることに気づくはずです。

未来のあなたはきっと思っています。「あの時、ネガティブなことが起きてくれてありがとう。おかげで行動を変えることができたから、今の私がいるんです」と。

④ドリームキラーに影響されていないか

「やめときなよ」「失敗したら大変だ」「できっこないよ」と、あなたの夢を諦めさせようとするドリームキラーがいるかもしれません。親や友達など近しい人の言葉であれば、気持ちが揺らぐこともあるでしょう。

しかし、あなたは自分の人生を生きているのですから、他人の意見に引きずられる必要はないのです。もし揺らぐのであれば、それは「本当に覚悟を決めてるの?」と試されているのかもしれません。

クライアントである30代の女性は、起業の夢を彼氏に強く反対されていました。「君が考えているほど簡単じゃないし、わざわざ君がやらなくてもいいんじゃない?」と言う彼に、彼女は「そんなことないよ!」と真っ向から反論していつも気まずい雰囲気になっていたそうです。

しかしコーチングを受けたあとの彼女は、「心配してくれてありがとう」と言って彼の気持ちは受け止めつつ自分の考えは変えない、という姿勢に変わりました。そのうちに彼を自分のBOXに招くことができて、起業を果たした現在では彼は心から応援してくれているといいます。

ドリームキラーの気持ちは受け止めつつ、自分の道を見失わないようにしてください。

⑤ダラダラ日にOKを出しているか

せっかくの休日を一日ダラダラと過ごしてしまった。ああ、なんてこと！　そう思う日は誰にでもあります。

きっとその休息はあなたにとって必要だったのです。たっぷり休めたから、明日からがんばろう。そう思えば十分です。

白黒つける必要はありません。グレーの日があってもいいのだと、自分にOKを出しましょう。

⑥足りない部分に目を向けていないか

多くの人が陥りやすい落とし穴なのですが、アゲリッチ体質になろうと焦るあまりに、いつの間にか他人と自分を比べていることがあります。

「あの人は綺麗だから成功したんだ。私は太ってるからダメなんだ」

「あの人は資格があるから昇進した。私はまだ持っていないから選ばれなかった」

などと、他人が持っていて自分には足りないと思っている部分に目を向けてしまいます。

でも、それは本当に「足りない部分」なのでしょうか。

「足りない」と感じた時、あなたの視点は過去に行ってしまっています。綺麗に生まれなかった自分、資格を取らなかった自分……。未来のあなたならそれを「足りない」ものではなく「課題」と捉えるはずです。

なぜなら、すでにその課題をクリアしたからこそ、未来のあなたが輝いているのです。

視点の向きは常に「未来から現在」です。過去の自分に目を向けていないか、確認してみてください。

Part.3

アゲリッチ手帳の作り方、教えます

アゲリッチへの近道となるアゲリッチ手帳

アゲリッチの法則について、みなさんはもう十分理解してくださったことでしょう。毎日の一分一秒を、常に「未来の自分」として生き続けることがアゲリッチへの近道です。

けれどアゲリッチになりたい気持ちがあっても、三日坊主になったり、モチベーションを維持できなかったりと、うまくいかないこともあるかもしれません。

そこで活用してほしいのがアゲリッチ手帳です。この手帳を使うことで、多くの方々が短期間にアゲリッチ体質になり、夢や願いをかなえることができています。

アゲリッチ手帳の原点は、小学6年生の時の体験です。私立中学を受験する親友の影響で私も急に私立に行きたくなり、4月から受験勉強を始めたのでした。

分厚い問題集を3回繰り返し解けば受かると信じて、計画を練りました。ちょうど家に誰も使っていない小さな手帳があったので、そこに受験の日まで、その日勉強するべきページの範囲を書き込みました。記入している間はイメージするのが楽しくて、時間を忘れて書き込んだのを覚えています。

毎朝5時起きで、決めた範囲をこなします。終わったら手帳にバッテンをすることが何よりの達成感となり、バッテンができない日は気持ち悪いくらいでした。

最後には問題集を3回しっかり終わらせて、無事に合格したのです！

夏からは塾にも通ったのでそのおかげもあったはずですが、自分としては問題集を3回やり遂げたことが一番自信につながりました。

この時から、手帳は私の夢をかなえてくれるものだという成功体験が記憶に刻まれ、手帳は私の仲のいい相棒となりました。

アゲリッチ手帳はあなたをコーチしてくれる頼もしい存在です。使い込むほどに成功がやってくる手帳をこれから一緒に作っていきましょう。

1000点満点の自分はどんな手帳を使っている？

さて、以前のワークをもう一度思い出してください。1000点満点のあなたは、

・どこで何をしていますか？
・どんな暮らしをしていますか？
・どんな仕事をして、どんな成果をあげていますか？
・あなたの周りにはどんな人がいて、どんなものに囲まれていますか？
・どんな思いを大切にしていますか？

理想の未来を確認し直すことはとても重要です。なぜならこれから、「未来のあなたが持っている」アゲリッチ手帳を作らなければならないからです。

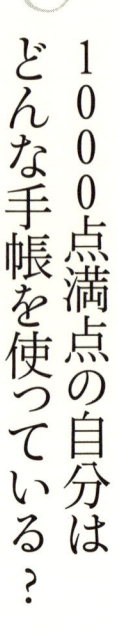

未来のあなたが使っている手帳を具体的にイメージしてみてください。それを今のあなたが毎日使うことが、アゲリッチへの最速の道です。

人は見た目が大切と言われますが、手帳にも同じことが言えます。手帳カバーのデザイン選びはとても重要です。色や柄などは未来の自分が持つにふさわしいかどうかを、十分に吟味してください。

未来のあなたが一流企業のエグゼクティブなら、会社から支給されたり、お歳暮でもらったりした手帳を使うでしょうか?

大好きな人と結婚して家族と幸せに暮らしているなら、可愛い子供のスケジュールを、事務用の面白みのない手帳に書き込むでしょうか?

ラブリー系の手帳を持った弁護士は、裁判に勝てる腕利きに見えるでしょうか?

それは、ありえませんよね。

私は探しに探して、今はピンクの手帳カバーを使っています。初めてお会いするお客様の前でテーブルに手帳を置くと、毎回お客様は一瞬でそれをご覧になり、ホッとされるのを見てきました。

「こういう手帳を使っている伊倉さんなら信頼できるな」「忙しい人なんだな」「仕事がで

きそうだな」と判断されているのがわかるのです。

手帳を選ぶ時に決して妥協はしないでください。妥協するということは、未来のあなたを「サゲる」ことに直結します。

これだ！　と思える手帳を手に入れて、自分を扱うように丁寧に取り扱うようにします。

私の頼れる相棒である
アゲリッチ手帳。
実際の色は落ち着いたピンクです。

サイズはＡ５、バインダー式を選ぶ

手帳のサイズはＡ５で、バインダー式を選びます。

毎日持ち歩く手帳ですから、なるべく小さい手帳を使ったり、スマホにスケジュールを書き込んだりする人が多いのもわかります。けれど、アゲリッチ手帳ではＡ５サイズと手書きにこだわってほしいのです。

アゲリッチになるために必要なことをすべて書き込むなら、Ａ５サイズが必須です。小さい手帳では把握しにくい月間計画や年間計画などをＡ５サイズなら一目で確認することもできますし、あなたが凹んだりめげたりした時に助けてくれる、アンカリングとなるイメージ写真や言葉を貼ることもできます。

手帳でアゲリッチになる方法は、実はＡ５サイズでなければ実現できないことばかりなのです。

不動産会社で現在役員をされているAさんは、それまではスーツのポケットに入る小さな手帳をお使いでした。

しかしA5サイズのアゲリッチ手帳を使い始めたところ、著しい変化があったといいます。

手帳のサイズが大きいので些細なことでも書き込めて、うっかり忘れがなくなり、気持ちと時間に余裕ができたそうです。

また、月間と週間のスケジュールをながめれば、いつ、どこの時間に余裕があるかが一目でわかります。

空いた時間を使って「ありたい未来」に向かってどのように動くべきか、を常に意識するようになり、結果として業績は急速に右肩上がり。現在もそれを維持していらっしゃいます。

また、GMOインターネットの会長兼社長である熊谷正寿氏は著書『一冊の手帳で夢は必ずかなう』の中で、手帳が分厚いということは夢がたくさん詰まっていることだ、という考えを紹介しています。

そして私が手書きにこだわるのは、手を使って紙に書くことで、書いた内容を脳に深く認識させることができるためです。紙に書くと目標達成率は33％アップするというデータもあります。

　オリエンタルラジオの中田敦彦氏はデジタルなスケジュールツールを1年ほど試した後、書いた時の感情が残るという手帳のメリットを再認識し、最終的に手書きの手帳に戻ったそうです。

　スターバックスコーヒージャパンの元CEOである関根純氏や、育児中の大人気モデル・田丸麻紀氏らも、手書きの手帳の愛用者として知られています。

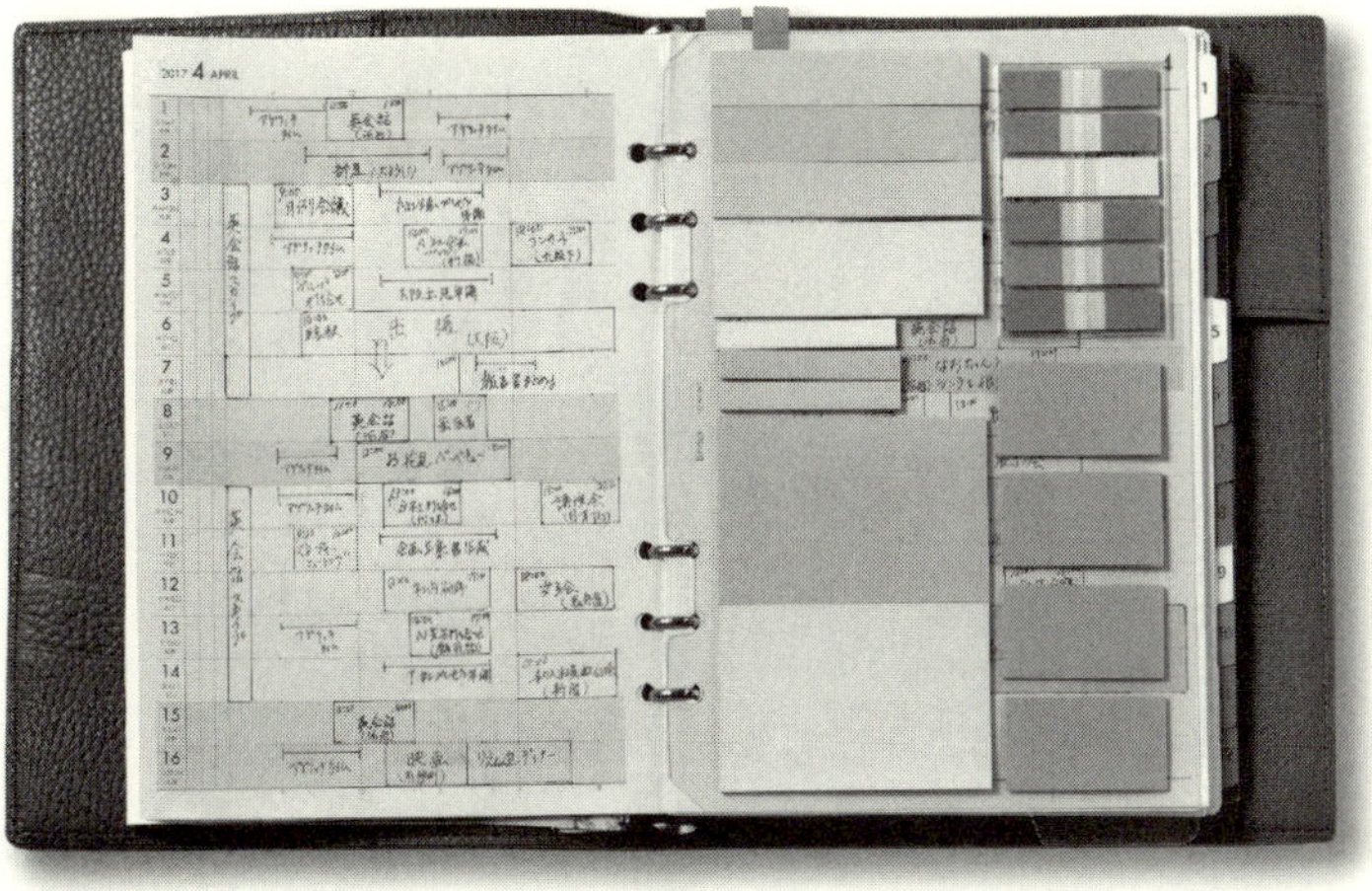

A5サイズのバインダー式手帳ならたっぷり書き込めます。

手帳選びはお財布と相談しない

手帳選びの極意は、たったひとつ。

その手帳を持つことで、あなたの気持ちがアガるかどうかです。

手に持っている未来の自分をイメージした時に気持ちがアガるなら、それはあなたの「アゲリッチ手帳」です。

重要なのは価格やブランドではないので、お財布と相談しないようにしてください。どんなに高級品でも、あなたがその手帳を手にした時に未来の自分をイメージできなかったり、なんか無理してるな、ワクワクしないな、と感じたりしたら、別のものを探しに行きましょう。「この手帳に呼ばれてる！」と感じたら、それがあなたの手帳です。

そして矛盾するようですが、お財布と相談しないのですから、思いきって高級品を買うことも選択肢のひとつです。

ほとんどの方が手帳にお金をかけないのが現実です。しかし手帳は同じものを毎日、しかも長期間使います。打ち合わせの相手はあなたが今日着ていた服は覚えていなくても、打ち合わせのたびにテーブルに置いてある手帳は、覚えている確率が高いのです。

初対面の相手が使っていた手帳を、あっ、素敵！　と思ったことはありませんか。逆に、安っぽいビニールカバーがついた手帳を広げている相手に、え、これを使う？　とがっかりしたことはありませんか。

費用対効果を考えても、手帳選びはお金をかける価値があると納得できるはずです。

A５サイズの手帳はそれほど一般的ではないので、探す時に苦労するかもしれませんが、「手に入れている自分」をイメージすれば、向こうからやってくるケースは意外と多いです。本屋さんに行ったら必要な本に呼ばれた、そんな感覚です。海外のサイトなら見つかりやすいかもしれません。いろいろ探してみてください。

私のおすすめするメーカーやショップをいくつかご紹介します。

ASHFORD　http://www.ashford-style.com/
FILOFAX　http://www.filofaxe-store.com/

KNOX　http://www.knox-japan.jp/

KALOS（KNOXの中でも女性に人気のカラーバリエーションがある）

http://www.knox-japan.jp/products/kalos.html

Davinci　http://www.raymay.co.jp/davinci/index.html

kikki.K（オーストラリアの会社。英語のみ）　https://www.kikki-k.com

伊東屋オンライン　http://store.ito-ya.co.jp

LOFTオンライン　http://loft.omni7.jp

イタリア市場グッビオ（イタリア革製品の直輸入）　http://www.rakuten.co.jp/gubbio/

手帳を作る日時を決める

未来のあなたが持つにふさわしい手帳カバーが見つかったら、次はいよいよアゲリッチ手帳を作っていきます。

最初にするのは、手帳を作る日時の設定です。〇月〇日の〇時から手帳を作る！　と決めます。

手帳作りのためにわざわざ時間を設定するなんて、ちょっと大げさだと思うかもしれません。しかし空いた時間に作ろうとしたり、思いついた時に作ろうとしたりすると結果的に効率が悪く、あなたのイメージに１００％合った手帳が出来上がりにくいのです。

最低でも半日は手帳作りのための時間を作ってください。ゆったりした気持ちで取り組めるよう、余裕を持って日時を設定するのがコツです。

ドリームページを作る

手帳の1ページ目には「ドリームページ」を作ります。ここを毎日開いて見ることでアゲリッチへの道が加速しますよ。早速作り始めましょう。

①1万円を持って書店へ行く

まずは1万円を持って書店へ行きます。できるだけ大きい書店へ行きましょう。未来の自分になりきって書店中を歩いてみます。科学や経済、スポーツや絵本のコーナーなど、自分が普段は近寄らない分野の棚にも目を向けてみてください。

どんな本や雑誌があなたの目に飛び込んできましたか。なんとなく気になったらパラパラとめくってみて、ハッとする言葉やフレーズや、「これ、いい！　未来の私だ！」と思う写真やイラストが見つかったら、どんどん買い物かごに入れていきます。

それは、いつもは手に取らない写真集だったり詩集や図鑑だったりするかもしれません。

この本は値段が高いから、とか、この1枚の写真のためだけに1冊買うのはもったいない、などと思う必要はありません。

いいと思ったものがひとつでもあったら、それはあなたのための本であり雑誌なのです。あなたをアゲリッチにしてくれる素敵なパートナーです。

②厚紙とデコアイテム、スケジュール表などを購入する
次に、文具店や100円ショップに行ってA5サイズの厚紙を買ってください。可能なら、表面がツルツルした紙、たとえばインクジェット紙などを選ぶと後の作業がラクになります。

もしも気に入ったマスキングテープやキラキラシールなどのデコアイテムがあったら、それらも一緒に購入することをおすすめしますが、こちらはお好みでかまいません。

スケジュール表も買います。見開きで1週間が載っているものと、1ヶ月が載っているものと、1年間が載っているものと、3種類買います。

年間スケジュール表は必須ではありませんが、1年間の仕事の流れを把握する必要のあ

る職業の方などは、あったほうが便利です。

月間と週間のスケジュール表は、時間軸がついているものを選んでください。週間のスケジュール表は、右ページがメモスペースになっているなど、余白が多いものがおすすめです。

年間プラン表と、ガントチャートとして使う折りたたみ式の年間スケジュール表も買っておきます。これらについては158ページで紹介します。

③インスピレーションのままに切り抜き、貼る

家に帰って、買ってきた本や雑誌を目の前に置いたら、今度はハサミの出番です。気になった言葉、文章、イラスト、写真を切り抜いていきます。

バカンスに行きたい南の島、憧れの職業で世界的に活躍している女性、就職したい企業の本社ビル、日曜日の理想的なブランチ、幸せ溢れる家族写真、欲しいバッグ、好きなタイプの男性、なんでもかまいません。これが未来の自分だ！　未来の自分の生活だ！　というインスピレーションが降りてくるままに、どんどん切り抜きます。

「過去の幸せな思い出のものを切り抜いてもいいですか？」と質問を受けることがありま

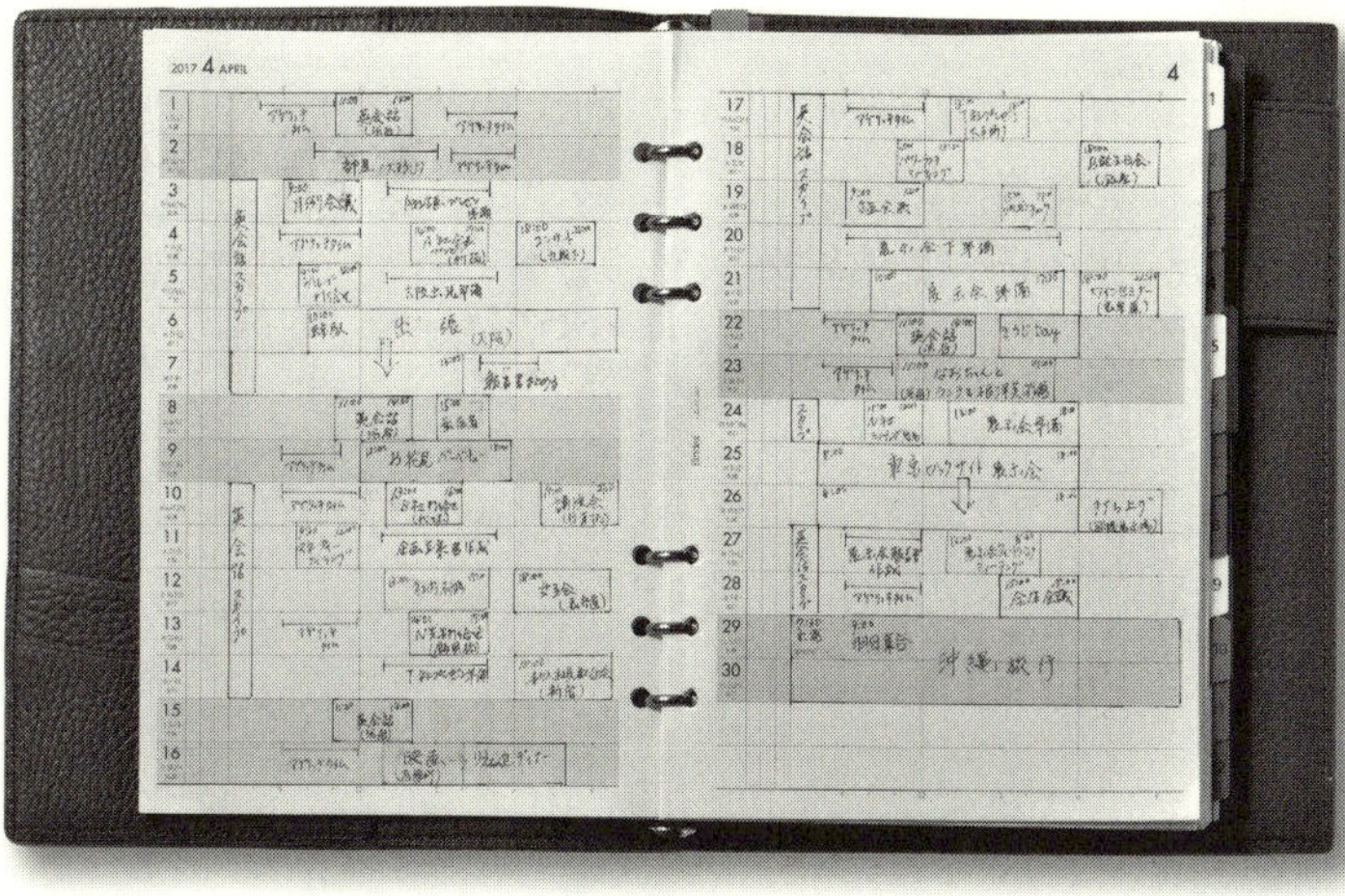

見開きタイプ、時間軸がついた月間スケジュール表。

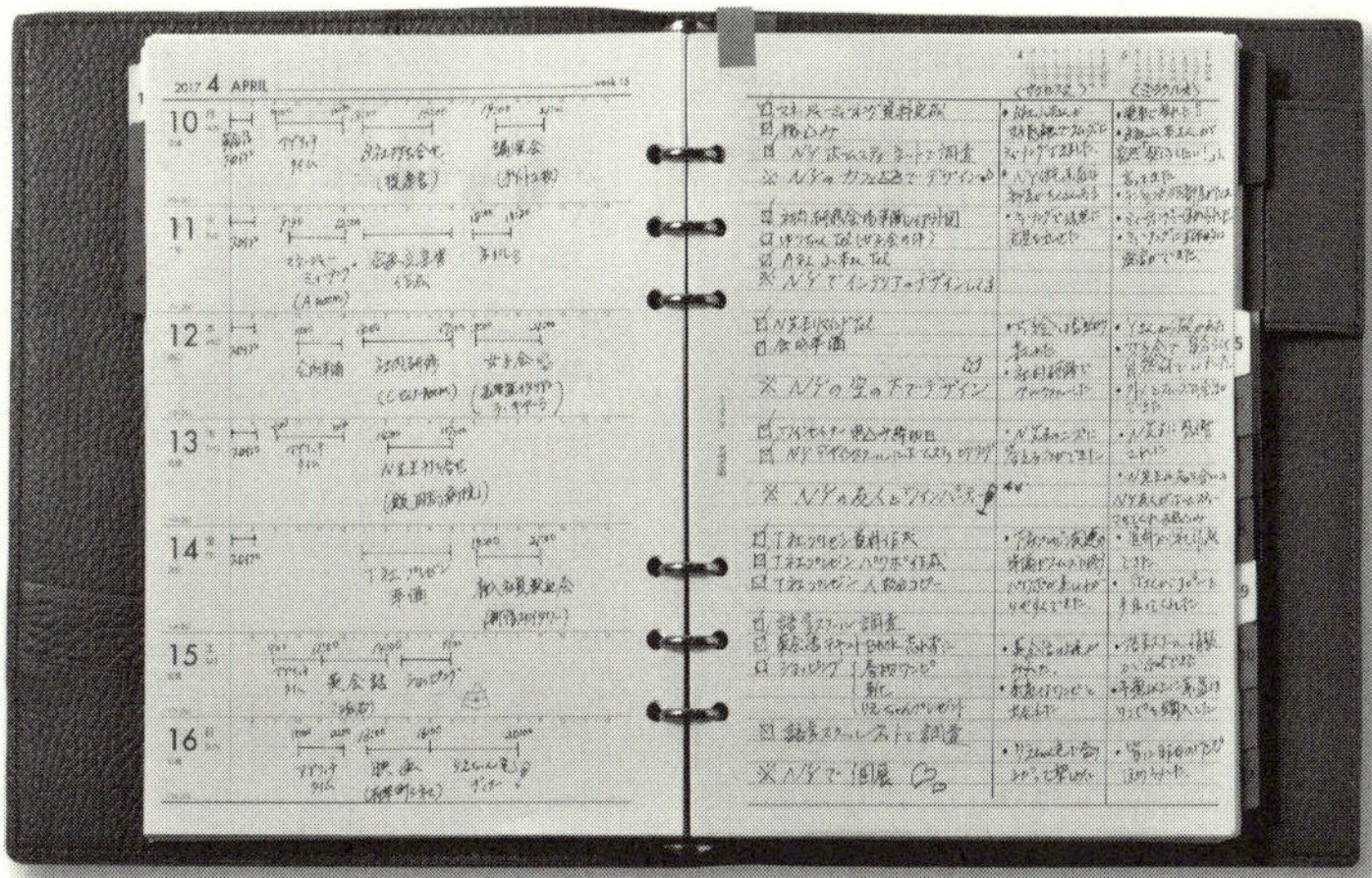

見開きタイプ、時間軸がついた週間スケジュール表。
右ページがメモスペースになっているタイプがおすすめ。

す。

過去の思い出に結びつくものは、それが成功の記憶につながるものや、大切な家族やペットの写真ならよいでしょう。

しかし、できれば過去の思い出よりも、未来につながるものを新しく選ぶほうがおすすめです。

切り抜きが終わったら、買ってきたA5サイズの厚紙の上に置いてください。そしてレイアウトを決めて貼っていきます。普通の糊《のり》でもいいですが、はがせる糊を使えば貼り直しが綺麗でラクですよ。

④ゴール時間を設定する

貼った写真やイラストのそばには、それを実現させたい年と月を書き込みましょう。

「2020年の8月までにヨーロッパを旅する」「2019年の12月までに結婚する」など、年月は具体的なほうがいいのですが、「3年後の春までに」という表現でもかまいません。

ゴールを数字で設定することが大切です。

私は5年限定の勤務契約で損害保険会社に入社しました。期間内に数千万円の売上目標を達成できれば代理店の権利が得られます。

しかし私は早く独立したかったので、手帳に「4年で独立します！」とゴールの日付を書きました。

飛び込み営業で断られた時。電話営業をしていてガチャンと切られた時。なかなか成果が出ない時。

くじけそうになったら手帳を見て、自分をチューニングしていました。

そして常にゴールまでの残り日数をカウントダウンし、未来の目線で現在を観るように意識しました。

4年後、目標金額を達成し、晴れて独立起業できました。

手帳がコーチとしていつも未来の私を意識させ、現在の私を応援し、ひっぱってくれたのです。

ただ、現実にはやむを得ない理由で実現を延期するケースも出てきます。

その時にはゴール時間を書き換えますが、写真やイラストに直接書き込んであると、それごと替えなければならなくなるので、最初から厚紙のほうに書いておくのがおすすめです。

また、以前に書いた数字に斜線を引くという行為は、気持ちをサゲてしまいます。そこでおすすめしたいのは付箋と、フリクションなどの「消せるペン」です。

付箋ならば貼り替えるだけで変更が可能です。

いろいろなサイズやデザインのものが出ていますから、気持ちのアガるデザインを探してみるのも楽しいですね。

消せるペンも太さや色がさまざまですし、何より消して書き直せるのは大きな利点です。ドリームページが汚らしくならないように、あなたの気持ちをサゲないように変更できることがポイントです。

⑤ドリームページを飾りつける
ここまで終わったら、買ってきたデコアイテムを使ってあなただけのドリームページを作りましょう。

色鉛筆や絵の具で色をつけたり、イラストを書き込むのもいいですね。見た時にアガるページになるよう工夫します。

私はキラキラやリボンが大好きなので、そういうデコアイテムに出会うたびに買って、ドリームページや他のページに貼っています。

この年齢で恥ずかしいとか、自分のキャラと違うとか、そういう遠慮はいりません。自分の気持ちがアガればそれでよいのです。

厚紙に貼りきれなかった切り抜きは、100円ショップや300円ショップで手に入るコルクボードに貼り、部屋の目につくところに置いてください。

これは自宅用の宝の地図、あなたのドリームボードです。

人物、風景、小物、言葉など、ピンときたものを何でも貼っていきます。
ゴール時間の設定も忘れずに。

ドリームページは「未来のあなた」が作ったもの

出来上がったドリームページは、今まで考えたこともなかった内容になったかもしれません。ところが、実はすべてあなたの潜在意識にあったものなのです。

大手企業に勤める30代の女性クライアントの方は、優秀なトップセールスレディです。毎月、周りが驚くような数字を上げていますが、なかなかご自身と向き合う時間がなくて「自分って一体なんなんだろう？　どうやって生きていきたいんだろう？」というもやもやした気持ちを抱えていました。

コーチングをする中で彼女が辿り着いた最初の想いは、「人とのつながりを大切にしたい。そして人をつなげることでみんなに喜んでいただく仕事で起業したい。アジアに、世界に貢献したい！」ということでした。素敵な夢ですが、まだ漠然としているように私には感じられました。

そんな頃、彼女は「ドリームボードをみんなで作ろう！」というイベントを開催しました。「人とのつながりを大切にしたい」と願う彼女のもとには素晴らしい人がたくさん集まり、イベントは大盛況でした。

しかし本当に素晴らしいのはここからです。イベントからほどなくして、彼女は「これがやりたい！」というものをとうとう、まるでパズルの最後のピースがピタッとはまった時のように見つけました。「インバウンドビジネスで、本物のおもてなしを外国人の方に提供したい。アジアや世界と日本の懸け橋になりたい！」という、明確なヴィジョンに行き着いたのです。

実は彼女のドリームボードには人が集まる写真、海外の写真など、このヴィジョンのもとがすでに仕込まれていました。ドリームボードが刺激となって、彼女の無意識にあった願望が浮き彫りになったのです。

それからの彼女は破竹の勢いで起業への道を突き進み、ついにインバウンドビジネスでの起業を果たしました。

ドリームページは「未来のあなた」が作ったもので、貼った内容はすでに未来に存在しています。未来にないものは選べないし、作れないのです。

今のあなたはなぜそれを選んだかわからないかもしれません。しかし写真を見ることで具体的に連想が始まります。その未来のためにはどうすればいいんだろう？　どんな情報を集めればいいんだろう？　と、脳が動き始めます。脳はドリームページにあるものを「すでに実現したもの」と認識し始めるからです。

夢や願いというカタチのない4次元のものが、写真やイラストという2次元（紙面）に落とし込まれ、脳にオーダーが入り、具体的な連想が始まります。誰と親しくなればよいか、どこに行くべきか、何をすべきか……。

すると、脳が自然と動き始めて3次元（現実）の状況が変わるのです。なんだかワクワクしてきませんか？

クライアントの女性が作ったドリームボード。
お金、ダイエット、幸せな結婚のイメージがかわいらしく配置されていて、
眺めるだけで気分がアガります。後に彼女はインバウンドビジネスでの
起業を決意し、実現しますが、決意前に作ったボードには無意識に
「人が集まる写真」や「海外の写真」が貼られているのがわかります。
（撮影・ご本人）

ドリームページの効果的な使い方

また、ドリームページには他にも大切な役割があります。法則28でお伝えした「アンカリング」です。

手帳を開いてこのページを見ることで、アゲリッチになる決意を思い出したり、ゴールが明確になったり、どう振る舞えばいいかに気づいたりできます。あなたの視覚とインスピレーションに直接訴えかけるので、そのパワーは強力です。

ちょっとユニークな使い方として、「迷ったら開く」という方法をご紹介します。

たとえば仕事帰りに飲み会に誘われたとします。家に帰って試験のための勉強をしたい時や、疲れているから休みたい時もあるでしょう。でも、気分転換はしたいし、気になるあの人と話せるかもしれないという期待もある。迷ってしまいますよね。

そんな時は、手帳を開いてドリームページを見た時のインスピレーションに、どちらを選ぶべきかを委ねてみてください。未来のあなたは最善の答えを知っているのですから。

ドリームページやドリームボードに貼り付けた切り抜きは、ちょっと違うなとか、もうこの気分じゃないなと感じたら、どんどん替えてください。入れ替えはもちろん、新しい切り抜きを足すのもＯＫです。あなたが「開きたくなるアゲリッチ手帳」にいつでも作り替えてください。

私のお客様はみなさん、頻繁に替えていらっしゃいます。

「伊倉さん、これ、もう気分じゃなくなったの、なんでだかわからないんだけどね」とおっしゃるのです。

そんな時は、次にお会いした時に何かしらステップアップなさっている方が多いのです。ドリームページへの違和感は、自分が次のステップに行くというサインなのかもしれません。

細かいタスクに分けて、それぞれのゴール時期を設定する

ドリームページには夢のゴール時期を書き込みました。次は、その最終的なゴールを実現するまでに必要な、タスクごとのゴール時期を設定します。

「2年後に結婚する」というゴールならば、そのためにしなければならないことは何でしょうか。夢をかなえるためのタスクをすべて書き出してみます。私の場合は付箋にひとつずつ書いていています。

・3ヶ月後の友人の結婚式で素敵な男性と仲良くなる
・どんな家庭を築きたいのか、価値観を明確にする
・結婚資金を貯める
・なるべく外出して出会いの機会を増やす

・友達を家に招いて大人数の料理を作ることに慣れる
・婚活パーティ、合コン、ネット婚活など出会いの手段を検討する……など

次に、洗い出したすべてのタスクにゴール時期を設定します。このとき、タスクがまだ大きいと感じたらもっと細かく分けます。「3ヶ月後の友人の結婚式で素敵な男性と仲良くなる」というタスクを細分化して期日を設定すると、このようになります。

・結婚式までに3キロダイエットする　↓1ヶ月ごとに1キロやせる
・ダイエットのために最寄り駅のひと駅前から歩く　↓今日から毎日
・たくさん歩けて通勤にも使えるフラットシューズを買う　↓今週の金曜日
・素敵なドレスを探して買う　↓2ヶ月後の給料日
・髪を美しく整える　↓結婚式の2週間前までにカット、当日のセットも予約
・お風呂上がりにはパックをする　↓今晩買って、今日から毎日

こうすると何をいつまでにすべきかが把握できて、行動に移しやすくなります。

補修業をしている40代男性クライアントの方は、「建築業界のプラットフォーム（複数企業が集まるビジネスの場）を作りたい」と志の高いヴィジョンをお持ちの方でした。

ところが初めてお会いする約束の日、1時間経っても待ち合わせ場所にいらっしゃいません。連絡してみたら「えっ!? すみません！」と、完全に忘れていたのでした。

これは早速アゲリッチ手帳の出番です。まずは目の前にある案件のスケジュール管理、それにまつわる課題の把握、空いた時間を何に使うか考える、といった時間管理術を身につけてもらいました。

「この手帳ならどこが空き時間で、どこが仕事の売り上げにつながる時間かが一目でわかりますね！」

と喜んでくださる彼とお話しするうちに、彼にはヴィジョン達成への強い想いがあるものの「やるべきことが山積み状態の、この不完了な自分はダメだ」という気持ちが無意識のオーダーになっていたことがわかってきました。

自分を否定するオーダーに気がついた彼は、アゲリッチ手帳を最大限に使って課題をひとつひとつこなしていきました。そのうちに、自分の内面にある本当の想いは「自分が身につけた高い技術力を、建築業界で困っている方々に広めて、より多くの人が豊かになる貢献をしたい」ということだと思い至ったのです。

そこでゴールまでのタスクを細分化し、まずは「リペア技術者の養成講座を開く」ことにしました。これなら建築関係の人たちの仕事の幅が広がって、売り上げを増やすお手伝いができるというわけです。

現在は養成講座を実現させて大盛況、また日本全国を回ってセミナーを開催しています。学びたいという方々が全国各地から彼のもとに集まっているのです。

この先には「建築業界のプラットフォームを作る」というタスクも実現なさっていくことでしょう。アゲリッチ手帳と一緒に、ゴールに向かって着実に歩んでいらっしゃいます。

「いつか独立したいなあ」「いい人がいたら結婚したいなあ」では、脳は動いてくれません。

ゴール時期を設定すると、それまでにしなければならないことを脳が探し始めて、行動が変わっていきます。細かいタスクのゴール設定は、それを達成するためのステップです。

年間プラン表とガントチャートを作成する

やるべきタスクを洗い出してゴール時期を設定したら、アゲリッチ手帳に記入していきましょう。この時に活躍するのが年間プラン表とガントチャートです。

1枚に1年間分のプランを書き込めるプラン表が売っていますので、これを使って大きなタスクごとにプランを作っていきます。

次のページに載せた写真では、「英会話上達」「NY（への）デザイン留学　NYに住む」という2つの大きなタスクごとにそれぞれ作りました。

このプラン表に、細分化したタスクの付箋をゴール時期別に貼っていきます。1月は「英会話スクール情報収集」「スクール体験講座を受講」、2月は「スクール入会」「Skype体験講座を受講」……という具合です。タスクが多い月の欄は、付箋を重ねて貼ってください。

プラン表ができたら、次はガントチャートを作ります。ガントチャートとは、複数のタスクの工程を一覧で管理できる便利な表です。アゲリッチ手帳では折りたたみ式の年間スケジュール表を使って簡単に作る方法を採用しています。

まずはプラン表の付箋をガントチャートに貼り直してみます。こうすることでガントチャートの下書きができます。かかる日数や実施の時期を考えて付箋を置いたら、それをペンで書き込んでいきます。書き込みが済んだら付箋はプラン表に戻します。

次のページに載せた写真では、「住居 or ホームステイ」「語学スクール」「デザインスクール」「国際交流」「英会話」という大

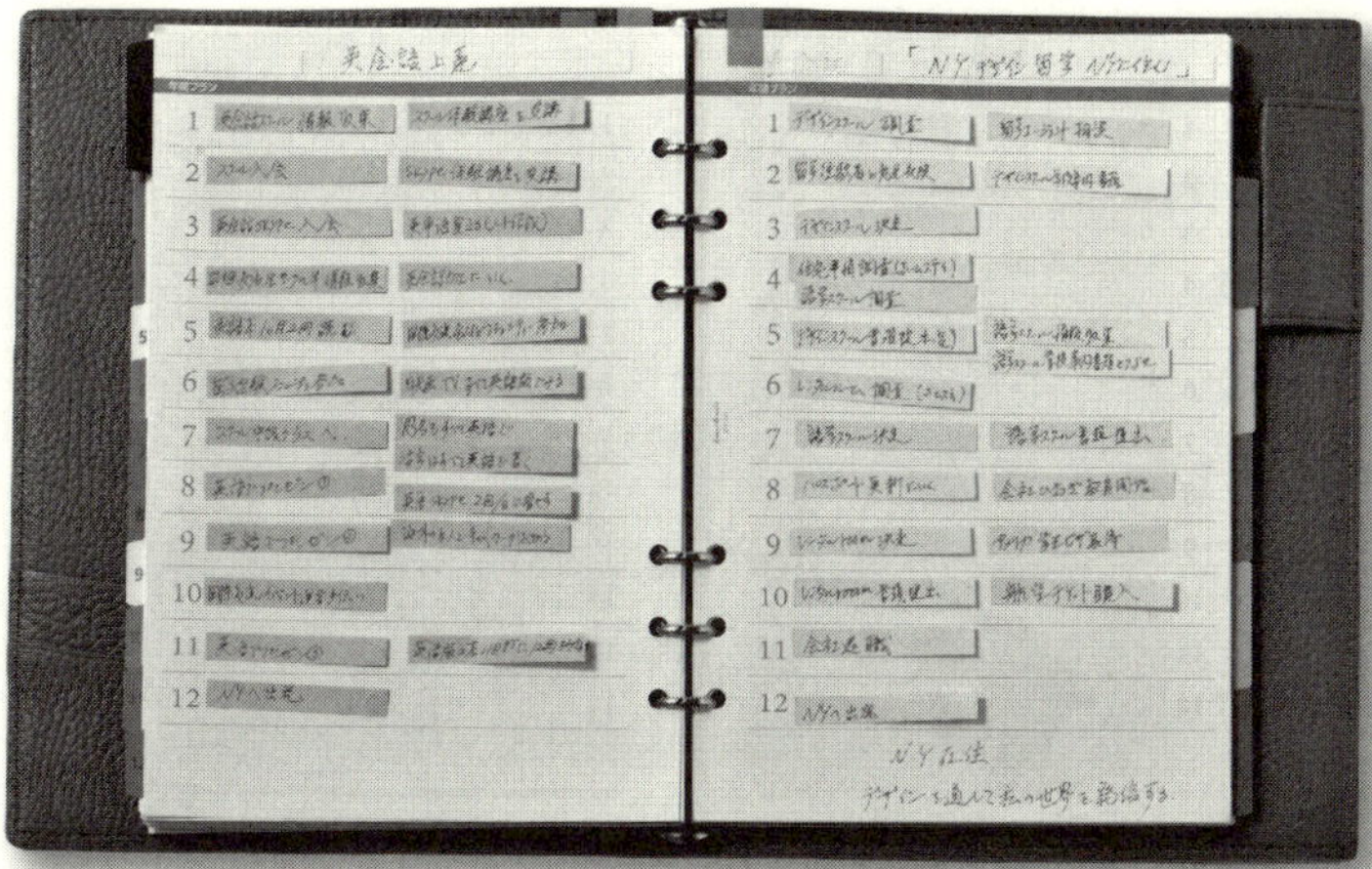

年間プラン表。ページごとに付箋の色を変えています。

きなタスクごとに、細分化したタスクの工程を書き込みました。

　完成した年間プラン表とガントチャートを見れば、最終ゴールに到達するための多くのタスクの中で、ひとつひとつのタスクがどういう位置を占めているかが正確にわかります。これらを完了することで他のタスクにどんな影響を与えるかを、脳に瞬時にわからせることができるのです。

　未来から観て自分が今何をしているか、どの位置にいるかを俯瞰することができる便利なアイテムです。

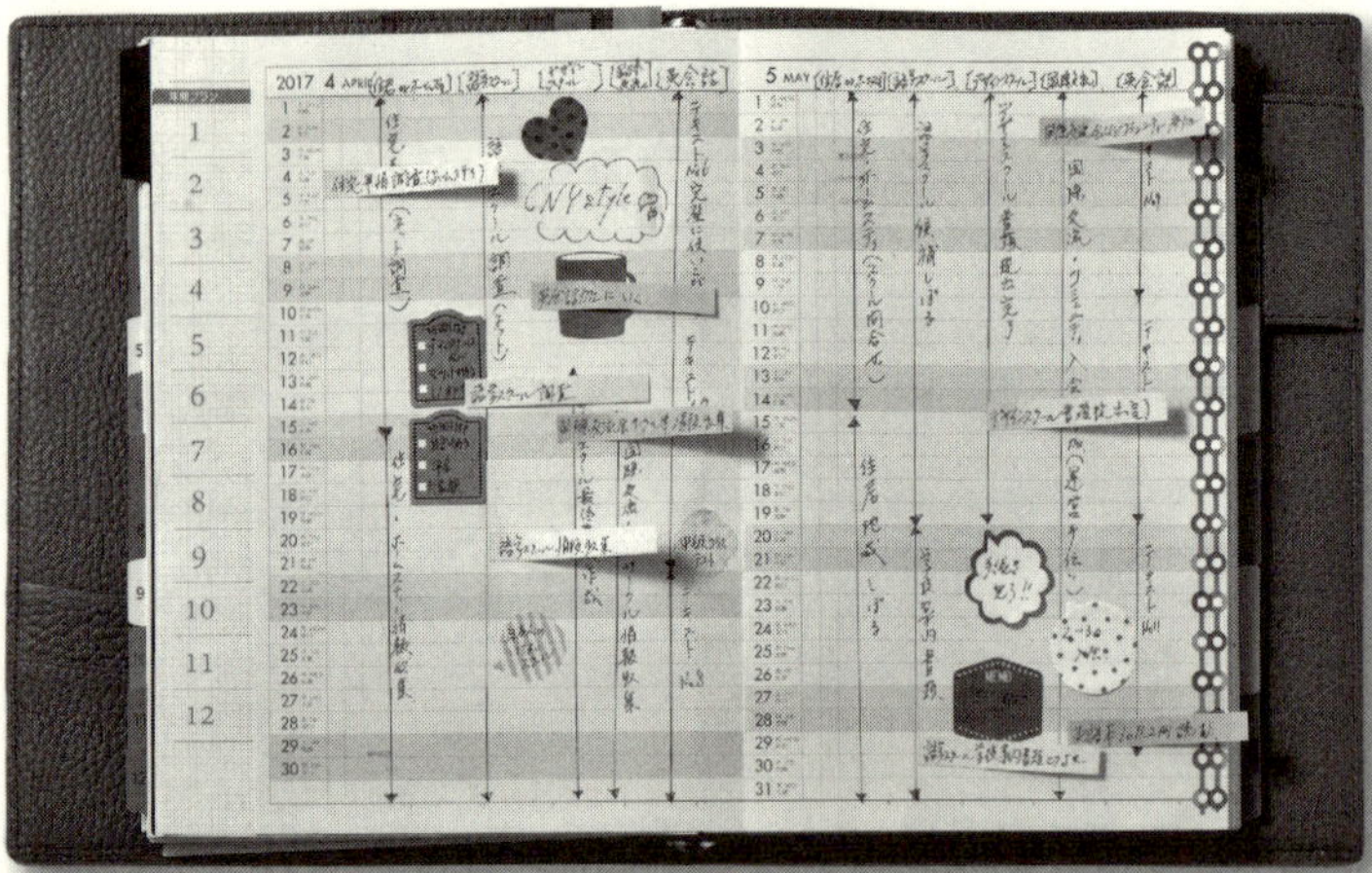

ガントチャート。付箋を置いて工程期間をイメージしてから書き込みます。

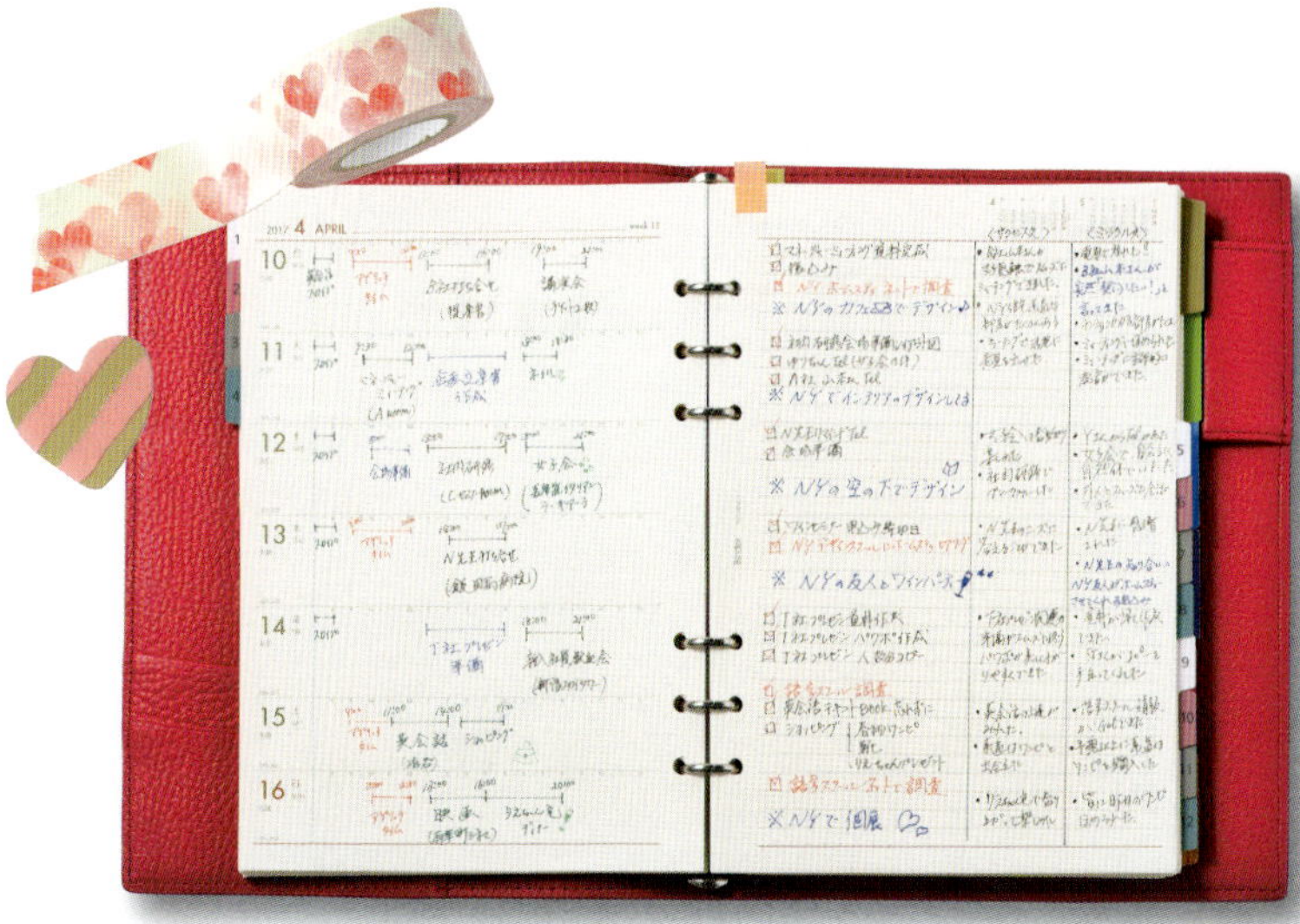

⬆ 週間スケジュールのページ。
仕事、プライベート、勉強などで
ペンの色を分けると、バランスが
とれているかどうかをチェックできる。
（→ P161）

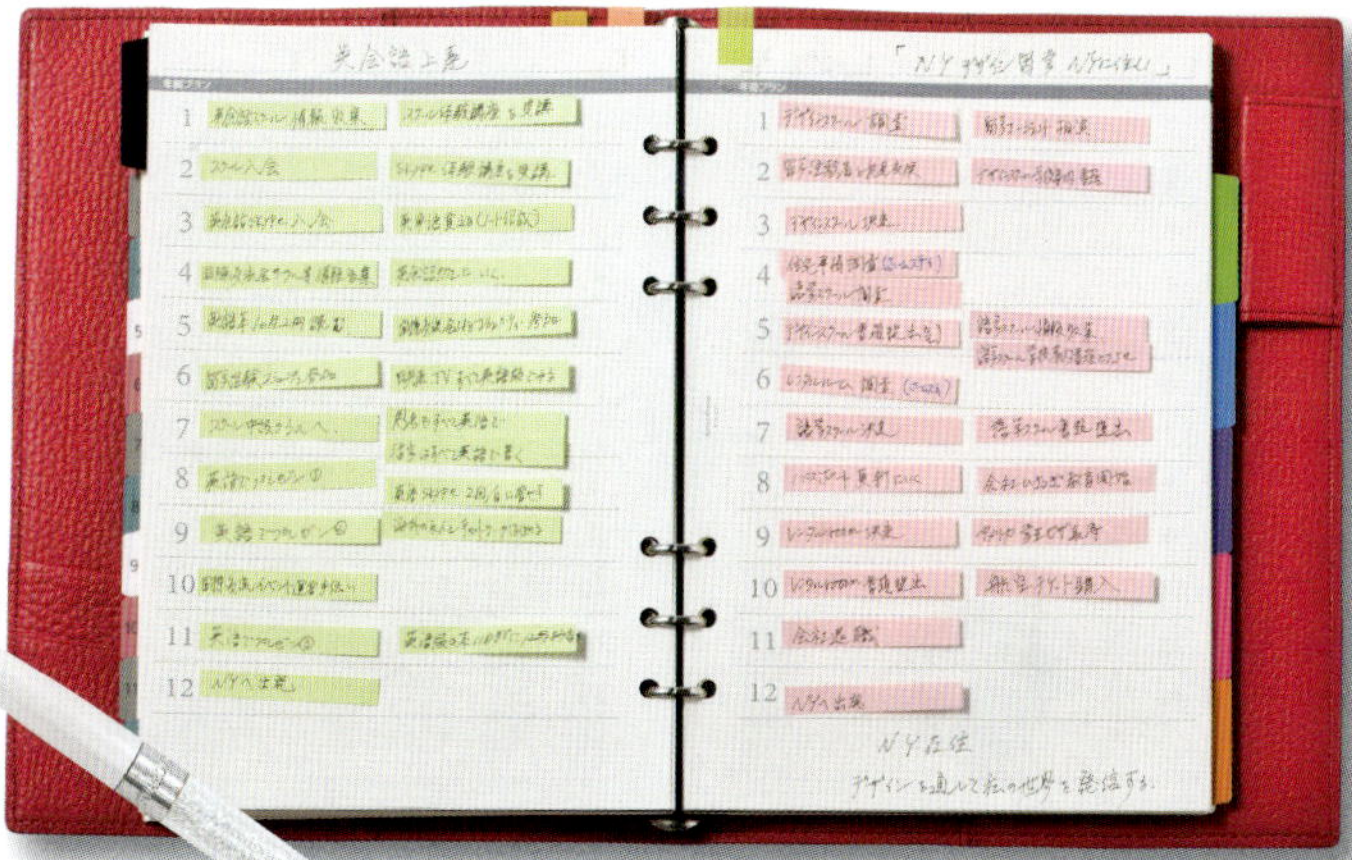

⬆ 年間プラン表。大きなタスクは、
もっと小さなタスクに分けてみると
実行するのがラクになる。
（→ P154）

⬆複数のタスクが
一覧で見られる便利な
ガントチャート。
（→ P158）

⬇アゲリッチな自分に
チューニングしてくれる
ドリームページ。
（→ P140）

細分化したタスクをスケジュール表に記していく

ガントチャートが完成したら、今週すべきタスクは週間スケジュール表に直接書き込むか、もしくは付箋にタスクを書いて貼ります。

付箋でも消せるペンでも、使いやすいほうを選んでください。共通するおすすめの使い方は、「仕事は青」「遊びは赤」「家のことはピンク」「勉強は緑」など予定の種類ごとに付箋やペンの色を変えることです。

色で分けると、分野ごとのやるべきタスクがぱっと見てわかります。それぞれの色の面積で、何にどれくらい時間を割かなければならないか、バランスがとれているかどうかも把握できます。

スケジュール表がさまざまな色で埋まってきたら、一度椅子から立ち上がってスケジュール表を上から見てみましょう。

すると、座って見ていた時とは違う印象を受けるはずです。俯瞰することで、客観的に眺めることができるのです。一歩離れた位置からスケジュール表を見て、バランスがとれているかを点検してみてください。

また、俯瞰すると、空いている時間が見つかります。この時間こそが「アゲリッチタイム」です。

これまで学んだ「アゲリッチの法則」を、ぜひその空いた時間で実行してください。サゲワードを書き出して未来のエネルギーに転換してもいいし、１０００点の自分はどうなっているか想像するのも楽しいですね。新しく入りたいＢＯＸを作るのも素敵です。「脳内作業」だけでなく、三ツ星レストランのランチで、一流の味を楽しむのもいいですね。それとも憧れの会社や素敵な人々が働いている場所に行って、その空気感を体験しましょうか。私はラグジュアリーホテルのラウンジの雰囲気が大好きなので、アゲリッチタイムにはラウンジでゆったりとスケジュールを立てています。

スケジュール表を活用することで生まれるアゲリッチタイムは、あなたをアゲてくれるかけがえのない時間です。

そして、1年単位のスケジュール表では収まりきらないタスクもあるでしょう。最終のゴール設定が3年後や5年後なら当然ですね。

1年以上かかるタスクは、ノート部分など別のページに書き出してください。2018年の2月までに転職する、新事務所は2019年の11月までに探す、などです。

タスクが達成できた時は、その書き込みは消してもいいし、付箋なら捨ててもいいです。「達成マーク」や「デコシール」をつけてそのままにしておいてもかまいません。書き込みや付箋がなくなることで気持ちがスッキリする方もいれば、達成したタスクに大きく花丸をつけたり、好きなキラキラシールやアイドルのシールを貼ってニコニコしている方もいます。

自分が一番、ワクワクできてアガる方法を選んでください。

今日のミラクルとサクセス文を書き込むスペースを作る

週間スケジュール表に、ぜひ作ってほしいのが「今日のミラクルと、サクセス文を書き込むスペース」です。そんなに大きなスペースでなくてもかまいません（170ページ参照）。

専用のノートを作ってもいいのですが、そうするとノートを持ち歩く必要があり、持っていない時にすぐに書けず、書くクセがつきにくいのです。

でもアゲリッチ手帳なら、これからの人生ずーっとあなたと一緒です。

スケジュールを確認する時や、ドリームページを見るために手帳を開く時など、思いついた時にすぐ書き込めます。

それによって、「自分はいつでもミラクルを起こせる人である」という思考が、細胞のすみずみにまで行き渡るほど当たり前になっていくのです。

週間スケジュール表を人前で開いた時に見られるのが心配だったら、そのための専用ページを作ってもかまいません。

必ずアゲリッチ手帳のどこかに、今日のミラクルとサクセス文を書き込めるスペースを作ってみてください。

文具を携帯する

アゲリッチ手帳を使い始めると、ドリームページを見ていて、「あ、これはもう違うな」「これは達成したからページから外そう」などと思う場面がよくあります。新しいヴィジョンが突然観えて書き込みたくなったり、もちろん毎日のスケジュール表を修正したり変更したりすることもあるでしょう。

そんな時は〝その場で〟修正してください。その時の違和感や新しいアイディアを後回しにすることは、アゲリッチへの道を遠ざけてしまいます。

「あとでやろう」が結果的に「やらなかった」にどれだけなっているか、誰でも身に覚えがあるはずです。

変更したくなったらカフェに駆け込んで、すぐに手帳を広げて作業します。アップロードする感覚です。

そのためにおすすめしたいのが、「文具を携帯する」というテクニックです。

〈私が持ち歩いている文具〉

・カードホルダー……今日の打ち合わせ相手の名刺を入れる
・付箋……さまざまな色とデザインのもの
・フリクションなどの消せるペン……補充用の芯も忘れずに
・デコアイテム……マスキングテープやシールなど、気分をアゲるもの
・小さいハサミ……雑誌や新聞の情報を切り取る
・パンチング……資料などを挟み込む穴をあける

これらの文具は、使い勝手がいいのに驚くほど小さいサイズのものが販売されています。大きい文具店に行ってみれば日本の文具のハイレベルさに圧倒されるはずです。アゲリッチになるための時間を加速してくれるたくさんの文具が、頼れる最強の仲間に見えてくることでしょう。

私は、こうした文具を手帳の最後のページに収納して持ち歩いています。

文具を持ち歩くもうひとつの理由は、美しいページを作るためです。

たとえば興味のあるセミナーのフライヤーをもらったら、たたんで手帳に挟むことが多いのではないでしょうか。するといつの間にか角がヨレヨレ、ボロボロになったり、手帳を開いた拍子にはらりと抜け落ちたりしませんか。

私は手帳用6穴パンチを使って一辺に穴をあけてバインダーに通しています。それから二つ折りにして手帳に挟み込み、綺麗な状態のまま携帯するのです。

目に入る映像が美しくないと、脳と気持ちはアガりません。汚いオフィスや机だと、必要な書類を探すのに時間がかかってしまい、やる気がそがれてしまうのと同じです。

アゲリッチ手帳を綺麗に保つための文具をぜひ持ち歩いてください。

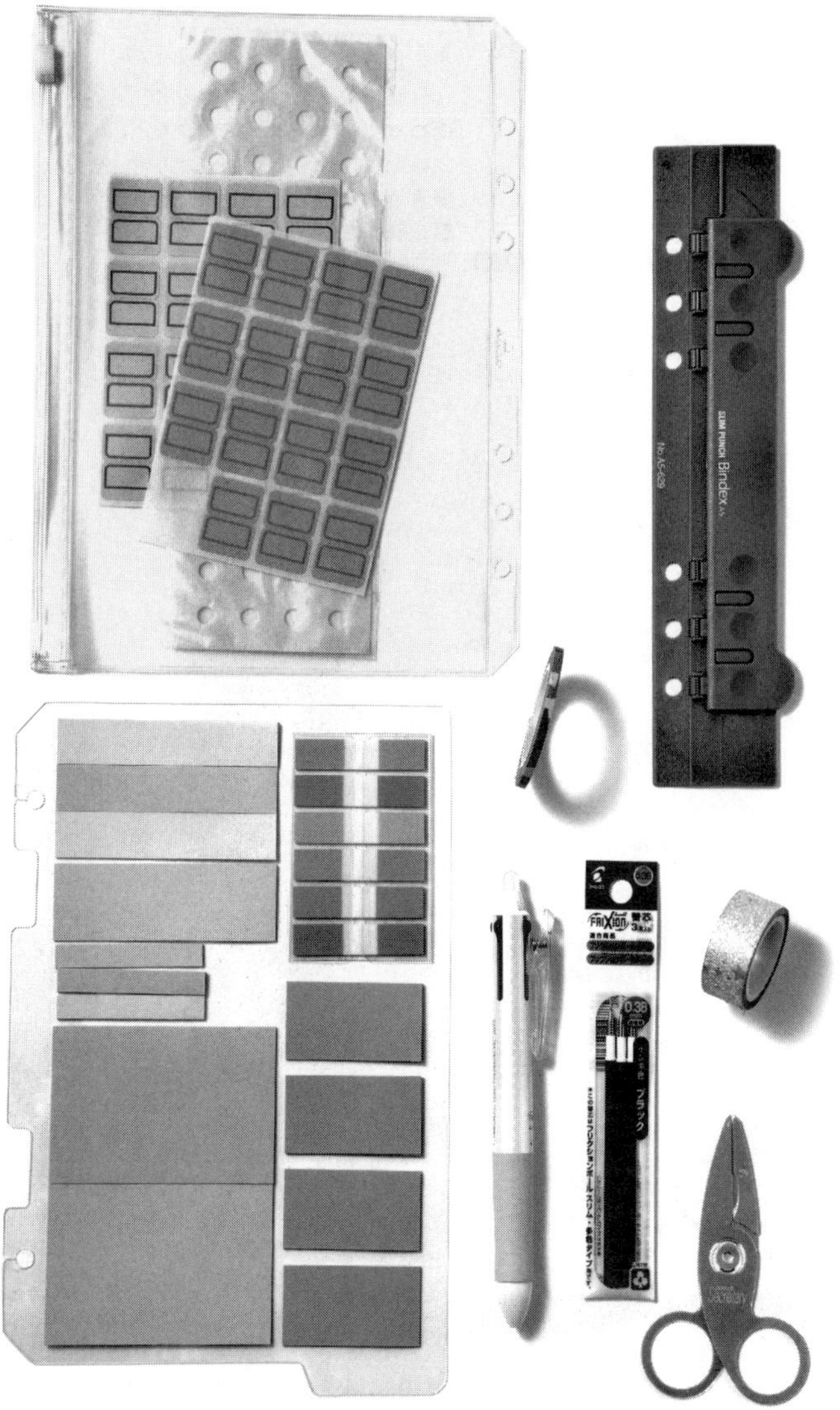

私が持ち歩いている文具。右上が携帯用のパンチングで、
その左側は極薄のマスキングテープ。他に消せるペンや
極薄のハサミなどを携帯しています。

1

その日行うべきタスクを書き込む欄。付箋を貼ってもＯＫ。終わったらチェックマークを入れたり、シールを貼ったり、書き込みを消したりして達成感を味わう。

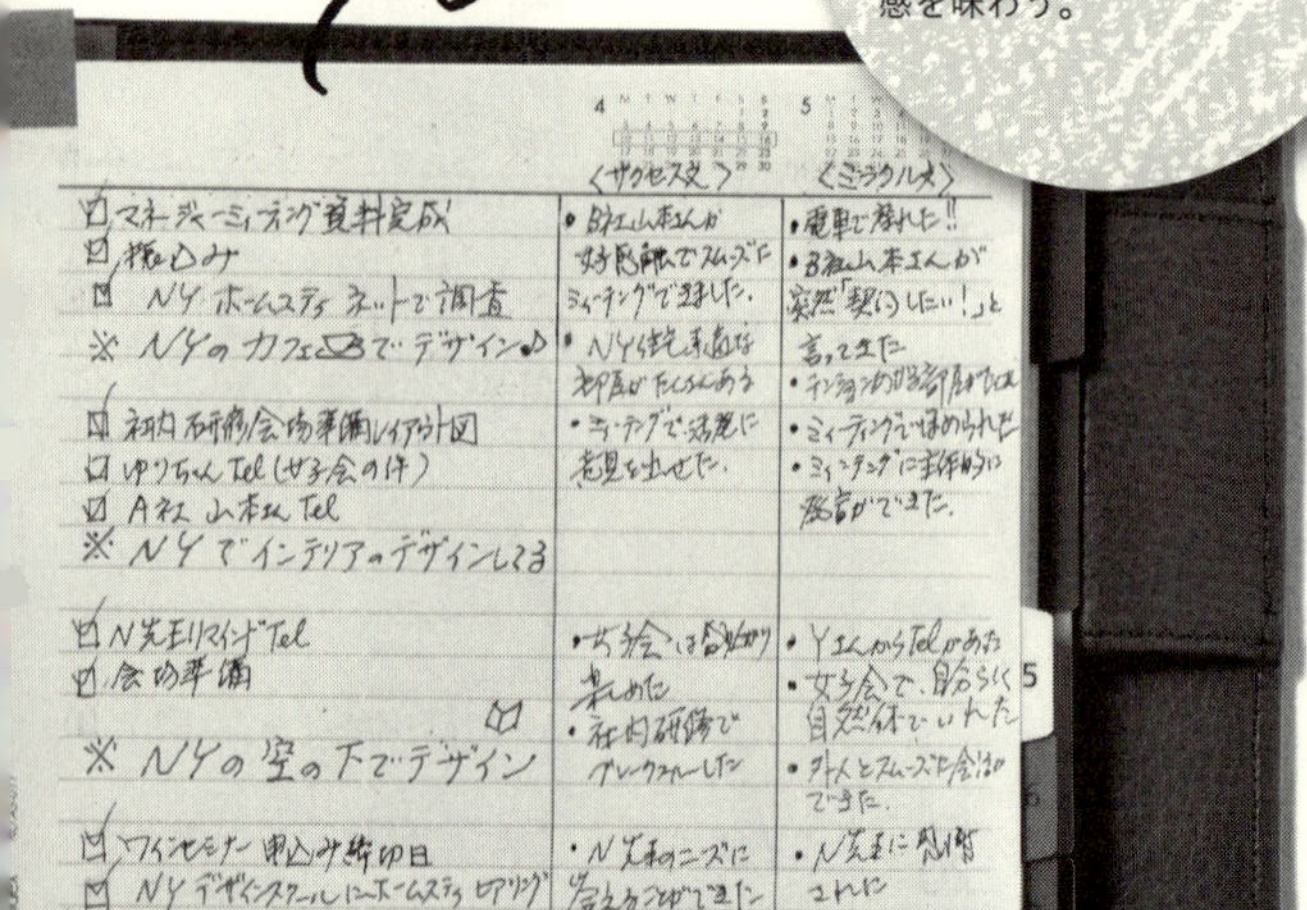

2

「今日のミラクル」と「サクセス文」を書く欄。ほんのひと言が書けるぐらいのスペースでＯＫ。週間スケジュール欄に書くと人に見られそうで気になる場合は、別に専用ページを用意しよう。

3

未来の自分を想像して、浮かんできたイメージをひと言メモしておく。

アゲリッチ手帳の秘密を大公開！

4

週間スケジュール欄は時間軸つきのものをチョイス。空き時間がひと目でわかるので、アゲリッチタイムを作るのも簡単。「仕事は青」「遊びは赤」「勉強は緑」などペンを使い分けるとバランスのかたよりが防げる。

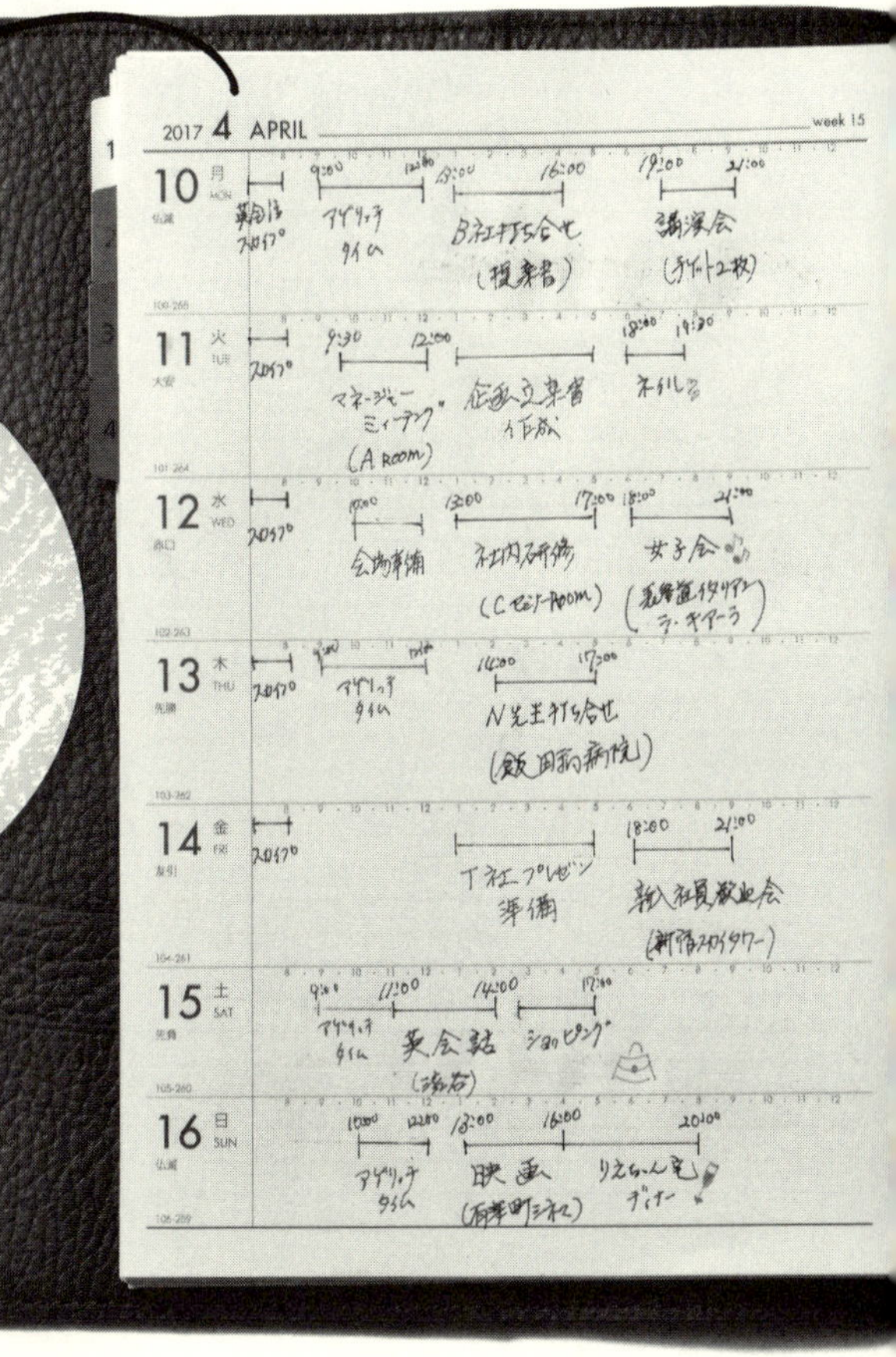

Part.4

アゲリッチ手帳で夢をかなえるにはコツがあります

シャッターを開ける時間を決める

Ｐａｒｔ３で作ったアゲリッチ手帳。これをうまく使って夢をかなえたり幸せになったりするにはちょっとしたコツがあります。ここからはその極意をお伝えしていきます。

まずは、「毎日シャッターを開ける時間を決める」ということです。

どんなに素敵なお店でもシャッターを開けなければ、お客様もお金も福の神も入ってこられません。

シャッターを開けるとは、つまり「アゲリッチ手帳を開く」ということです。

お店に開業時間があるように、あなたもアゲリッチとしてのオープン時間を決めてください。そして毎日のオープン時間には、未来のあなたにふさわしい最高の環境を整えるようにします。

5分でも15分でもいいのです。好きな銘柄の豆を挽いて、コーヒーを淹《い》れて、ゆっくり味わったり、気持ちのアガる音楽をかけたりしてみてください。

私は歯科衛生士として働き始めた頃、失敗して叱られてばかりの毎日でした。だからこそ、朝には大人のハワイアンとして有名なケアリー・レイシエルの曲や、当時流行っていた大好きな映画の曲をかけて、アロマを焚いて気分を五感からアゲていました。

「今日も仕事か……」という憂鬱な気持ちを、音楽とアロマの力で追い払っていたのです。日常をつかの間離れて、最高な気持ちでオープンの瞬間を迎えれば、快適な一日がスタートできます。

シャッターを開ける時の場所はどこでもかまいません。朝は忙しいし、家族の都合もあったりして、自宅で毎日同じ時間にオープン、というのはかなりハードルが高いですよね。それなら家を出る時間を15分早めて、通勤途中のカフェでオープンするというのはどうでしょう。

あるいは、職場に1時間早く到着するようにして、人が少ない静かな時間に、特別なカップでお茶を飲みながらオープンするのはいかがですか。オープン後の時間を仕事に充てれば、集中できてきっとはかどることでしょう。

これはアゲリッチになるためのチューニングとも言えます。場所は毎日違ってもいいのですが、オープン時間はできるだけ同じにしてください。

毎日同じ時間にオープンすることで、いつの間にか「アゲリッチ習慣」として身につき、「さあ、今日もスタート！」というポジティブな信号が脳に送られて短時間でエンジンがかかるようになるはずです。

ひとりアゲリッチ会議

シャッターを開けたら、「ひとりアゲリッチ会議」を開きます。正確には未来の自分と行う会議です。自分の抱えているタスクや、決断しなければならないことについて、未来の自分と話し合います。

Ｐａｒｔ１でお話しした、「過去から未来を観るのではなく、未来から現在を観る」を実践するのです。未来のあなたは成功者ですから、相談してみれば不思議といいアイディアが出てきたり、準備するタスクの優先順位が観えてきたりします。

来週大事な商談があって、その準備を上司から任されているとします。そんな時には「未来の自分ならどうやって準備をするだろう？」と「未来の自分」の目線で考えます。

お客様に最大限に貢献できる自分なら、商談内容をどのように組み立ててのぞむのでしょう。お客様が喜ぶ表情をイメージしながら準備すべきことを考えます。

仕事だけではありません。誘われているパーティがあるけれど、どうしようか？　欲しいバッグがあるけれども買おうかな？　ちょっと高いセミナーだけど、未来の自分なら行くかな？　そういう悩みも、ひとりアゲリッチ会議の議題になります。

ひとりアゲリッチ会議が習慣になると、やることの優先順位が自然とクリアになってきます。するとタスク処理にかける時間がどんどん早くなっていきます。効率がよくなるのです。

理由は、取りかかる前に、頭の中ですでに「終わって」いるからです。

ひとりアゲリッチ会議によって、「この目標を達成するためにはまずタスクAをやって、その後にCをやって、それが終わってからBに取りかかるほうが効率がいい」とすでに答えが出ていて、後は実行するだけですから、あれこれ考えながら進めるよりも数倍早く終了できるというわけです。

「未来のあなた」にチューニングする

ひとりアゲリッチ会議が終わったら、未来の自分について想像する楽しい時間を持ちましょう。

この時自然に浮かんできたイメージがあれば、アゲリッチ手帳に書き留めます。

170ページに載せた写真では「NYのカフェでデザイン♪」「NYの友人とワインパーティー」などの言葉でイメージを書き込んでいます。

こうすることで、今日の一日を「未来のあなた」として生きるチューニングができます。

朝のアゲリッチオープンの時間には未来をイメージすることを習慣にしてみてください。

シャッターを閉める儀式①

今日のミラクルとサクセス文の確認

一日の終わりには、シャッターを開けた時と同じように、シャッターを閉めるための特別な時間をもう一度作りましょう。

お風呂に入ってサッパリした後の時間を充てたり、お気に入りの音楽をかけてアロマを焚いたり、好きなワインを一杯用意するのもいいですね。

落ち着いたらすることは、「今日のミラクルとサクセス文の確認」「タスク不完了を完了にする」「エンディングの達成感を味わう」の3つです。

まず、週間スケジュールページか専用ページを開いて今日のミラクルを書きます。日中に書き込んでおいたものがあるなら読み返してみます。

素敵な人に出会えた、褒められた、桜が綺麗だった。小さなことでも大きなことでも書いておきます。

それから、今日が何か成功させたいことがある日だったら、あなたは前日にサクセス文を書いているはずです。願いどおりに成功していたら、その嬉しい気持ちにたっぷりとひたりましょう。

もしも結果がよくなかったら、今日のミラクルに変えておきます。その方法は覚えていますね。

「Aさんに精一杯の誠意でお願いできた私は最高です！」など、自分の思いや態度をミラクルとして書いておきます。

この作業を毎日続けていくと、脳がだんだん「不足やネガティブポイント」を探さないようになっていきます。ネガティブを探すのをやめて、ミラクルやサクセスだけを「作る」ように変わっていくのです。

「自分にとってミラクルは当然！」

「こんなに毎日ミラクルが起こるなんて、やっぱり私はすごい！」

と毎日脳が思うようになれば、本当に現実が変わり始め、ミラクルとサクセスが連続するようになります。それは、紛れもなくあなた自身が作り出したミラクルなのです。

起こったミラクルは「最高の私だもの、そうなって当然ね。でもありがとう！」と感謝して素直に受け取ります。

「たまたまだ」「私の実力じゃない」などと謙遜しては絶対にいけません。そう思った瞬間に脳が「やっぱりこれはたまたま、私にとってミラクルとサクセスは非日常な出来事だ」と認識してしまいます。

ミラクルとサクセスは、起こすのも受け取るのもそれなりの心構えと技術が必要です。

シャッターを閉める儀式②

タスク不完了を完了にする

手帳に、できなかったタスクが残っている日もあるでしょう。「やっぱり私ってダメだ」という罪悪感に襲われがちな場面です。

でもアゲリッチ手帳なら大丈夫。できなかったタスクは、移動させればよいのです。明日できそうなら明日の欄に、来週になりそうなら来週の欄に移動させます。「今日はこのタスクができない日だった」のではなく、「今日はやらないと自分で決めた日だった」だけです。

この考え方は大切です。これは「自分にOKを出す」という行動です。今日はできなかったけれども、未来にはできるのですからちっともダメなことではありません。タスクを移動させて「見える化」することで、次の行動がとりやすくなります。

また、そのタスクが本当に必要かどうかを未来の自分に問いかけ、答えがNOならタスクを消して手放します。断捨離ですね。作った時には必要だと思っても、いつの間にか不要になっているタスクは意外と多いものです。

目標達成に必要なのは「収縮」と「集中」です。人間は放っておくとどんどん拡散していく生き物です。よけいなものは手放して、収縮・集中を心がけてください。

必要なタスクなのに、なかなか完了できない日が続いている、という場合は、その「大きさ」に注目します。タスクが大きすぎるから一日で完了できないのかもしれません。面倒臭いなあとか、できるかなあと躊躇《ちゅうちょ》してしまうのは、そのタスクが大きすぎたり、ざっくりしすぎたりしているからです。

人は事実ではなく、イメージで判断してしまうものです。大きくてやりづらいイメージから、小さくてやりやすいイメージに転換します。

大きなタスクを完了するための小さなタスクを書き出して、大きいタスクを一旦小さくしてみましょう。「習い事を始める」がなかなかできないなら、「近所にある教室を調べる」「受講料を調べる」「一日体験教室に参加する」「口コミをチェックする」などに分けてみます。

こうすれば、できなかった罪悪感が、「どの順番でやろうかな」というワクワク感に変わっていきます。そうなればしめたものです。小さいタスクの達成感のおかげでだんだん弾みがついてきて、大きなタスクがいつの間にか完了しています。

また、タスクは自分でやらなくてもいいのです。これは誰かに頼んでみようかな、という視点でもタスクを観てみましょう。

私のクライアントに、50代前半の社長の方がいらっしゃいます。社員20余名を抱えて、コーチング前は1年のうち360日は働いていました。

しかし次第に仕事を部下にまかせられるようになり、週2日は完全に仕事から離れることができるようになりました。すると、1年後、社長の労働時間は20％減ったのに、会社の売り上げは15％アップしていたのです。

「小規模な会社のオーナーですから、『私がいなければ』の意識が強すぎて、寝ても覚めても仕事のことが頭を離れませんでした。でも伊倉さんのコーチングをきっかけに完全に仕事から離れる日を作り、従業員にまかせることにしたんです。そうしたら実質的な利益は倍増して、従業員とのコミュニケーションも以前では考えられないぐらい円滑になりました」と嬉しそうに話していらっしゃった笑顔が、とても印象に残っています。

シャッターを閉める儀式③
エンディングの達成感を味わう

手帳を見ながら、今日一日の自分に最大級のＯＫを出しましょう。

「今日もよくがんばった！」

「偉い！」

「私は最高！」

と、自分を褒めてあげるのです。

生きることは選択の連続です。その時その時、あなたは最高の選択をしています。そのことを褒めてあげてください。

たとえ今は間違った選択に思えることも、すべて最高の選択です。それ以外の選択をした世界は存在していないのですから。最高最善の選択以外、何も存在しません。

もしも今日の選択に心残りがあるなら、「本当はどうしたかったんだろう」「次はどうしたいのだろう」と自分に問いかけます。

ただし、反省は必要ありません。自分の本心に気づくこと、それだけで十分です。「今の自分は100％OK、今日一日よくがんばったね。あとはこういう知識があるとさらにいいな」と、課題として捉えます。

今日のエンディングを迎えたという達成感を味わいましょう。

シャッターを閉める儀式が終わったら、目に入るところに手帳を開いて置いてください。開くのはドリームページでも、ガントチャートのページでも、好きなページでかまいません。家の中を移動した時に、自然とその開いたページが目に入るようにしておきます。

するといちいち意識しなくても、目から受けた刺激が脳に伝わり、脳が勝手に動き始めます。ベッドに行く直前に手帳を閉じ、シャッターを完全に閉めましょう。

Part.5

大切な人をアゲてこそ、
真のアゲリッチです

Part.5
大切な人をアゲてこそ、
真のアゲリッチです

Part.4
アゲリッチ手帳で夢を
かなえるにはコツがあります

Part.3
アゲリッチ手帳の作り方、
教えます

Part.2
なりたい未来を作る方法

Part.1
ネガティブな自分を
手放す方法

法則31
相手をアゲるには、まず興味を持つことから。

ここからは上級編です。

最初にお伝えしたように、アゲリッチの法則はあなたがアガることで、あなたの夢をかなえると同時に、周りの人をアゲて幸せにします。そのことであなたはさらにアガり、「アゲアゲスパイラル」が誕生します。

自分一人でアガるよりも、何千倍もの素晴らしいエネルギーに満ちあふれた世界が具現化するのです。自分だけが幸せになる時とは、喜びや幸せの質が違ってきます。

ここからは、周りの人をアゲる法則をお伝えしていきます。

周りの人をアゲるために、まず理解してほしいことがあります。それは、相手の世界観に興味を持つ必要があるということです。

あなたの周りに、自分からすると信じられない価値観を持っている人はいませんか？おそらく1人や2人、あるいはもっと、思い浮かぶのではないでしょうか。自己中心的な困ったちゃんや、異性関係にだらしのない人や、他人を傷つける言い方をする人だったりするかもしれません。

そういう人のことは、まず「宇宙人」だと思いましょう。

相手を馬鹿にしろというのではありません。生まれた星が違う人、元々わかり合うのが困難な人だと認識することが大切なのです。地球外の別な惑星から来たのなら、価値観や考え方が異なって当然ですよね。違いを知ってそれを認め、互いにリスペクトし、互いがいる空間を心地よくしようと努めることが重要です。

相手をリスペクトしなければ、相手からもリスペクトされません。

どこかの宇宙から来た相手に興味を持ってください。そしてあなたが不思議に思ったり疑問に感じたりしていることを問いかけてみてください。自分の話をオープンにすることも重要です。こうやって関心を持ってくれる人を嫌う相手はほとんどいません。

そのうちに、相手が入っているBOXが観えてきます。相手がなぜそんな態度や発言をするか、バックグラウンドや理由が理解できるようになります。すると、相手にどう対応すればいいかが自然とわかってくるのです。

どんな人も愛の塊として生まれてきています。なんだか嫌いだな、好きになれないないなと思うよりも、「ああ、この人は今は残念な表現してしまっているけれども、ただ、いいところが観える状態になっていないだけなのね。本当は愛に溢れている人なのに、それを本人が気づいていないだけなのね、う〜〜ん、惜しい！」と思ってあげてください。

相手に興味を持ってリスペクトすること。これは、相手をアゲるための大前提です。

法則32 相手に尽くさない。

人はつい、見返りを求めてしまうものです。これだけしてあげたんだから、こんなに愛しているんだから、あなたのためにやってあげたんだから、その分、私にも返してね、と。でも、自分が与えた分だけ相手の気持ちが返ってくるとはかぎりません。思いが報われないとつらいし、悲しいですよね。

たとえば彼のためにがんばって作った料理を、好きじゃないと食べてくれなかったり、美味しいのひと言も言ってくれなかったりしたとします。

あなたはがっかりして悲しくなります。せっかく作ったのに！　と怒るかもしれません。でも実は、その気持ちの底には「作ったんだから喜んで食べるべき」とか、「感謝するのが当然」という本音が隠れています。

見返りを求めるのは、与えた感情や行動に対する着地点が欲しい気持ちの表れです。自分が放った気持ちや行動を、ちゃんと着地させたい、やりっぱなしの不安定さから逃れたいという本能があるからです。

それなら、気持ちが満足できる着地点を自分で作ってしまいましょう。相手からの見返りではなく、「相手に貢献できて嬉しい、満足しています、ありがとう」という着地点です。「させていただけた喜び」を着地点とするのです。

こうやって考え方を変えると、気持ちは十分に満たされます。人は他人に貢献したい生き物だからです。

相手に尽くすのではなく、「自分がやりたいからやっているのだ」と認めます。私が作りたかったから作っただけ。私がやりたかったからやっただけ。あなたが好きだから私が勝手にやっただけ。と、自分の気持ちを認めればいいのです。そうすると、相手の反応にいちいち動揺したり落ち込んだりしなくなります。

「いやいや、料理を作ってあげたのに好き嫌いを言われたりして、それでも『作らせていただけてありがとう』だなんて思えない！　無理！」

そう思うのはもっともで、確かに誰にでもできることではありません。他人をアゲるアゲリッチになるには覚悟がいるし、かなり厳しいいばらの道です。自分自身の意識を高く上げなければ他人をアゲることはできません。

もしも「させていただけた喜び」に気持ちを向けるのが難しい時は、無理して食事を作らないほうがましです。そんな時は、「一緒に何か食べに行かない？」と声をかけ、行動を変えてみるのも一案です。

相手をサゲてしまうＮＧワードは、「あなたのためにやったのに」「あなたのためにがんばったのに」「あなたにとっていいことなのに」です。

自分がやりたいからやった。相手の笑顔を見たくてやった。いつもそういう素敵な自分でいたい、という自分の軸を忘れないようにしてみてください。

法則33 相手を褒めて支配しない。

褒めて育てる、が世の中では主流です。

でも、特に相手が年下や子供の場合、「褒める＝支配」となることがあります。

ある幼稚園で、玄関に散らばる園児たちの靴をきれいに片付ける園児がいました。A先生はいつも、「いい子だね」と褒めていました。

ところがA先生が園を辞めると、とたんにほとんどやらなくなりました。園児は「褒めてほしかったから」片付けていたのです。

その後、B先生が「あなたが靴を片付けてくれるからみんなが喜んでるよ。とっても助かってる。ありがとう」と言うと、また園児は靴を片付けるようになり、さらに家でも家族の靴を片付けるようになりました。

A先生の時の園児の行動は、褒められたいという動機でしたが、B先生の時は、自分も相手も気持ちがよくて、人に貢献する喜びを味わうことができたからやっていたのです。言い換えると、A先生の褒め方はその場限りの褒め方で、支配やコントロールにつながります。

でもB先生の褒め方は、園児の行動がどれだけみんなの役に立つ、素敵な貢献であるかを本人に伝えています。つまり相手をリスペクトする褒め方だったのです。

褒めるのはとても難しいことです。本音ではない褒め方は必ず相手に伝わります。あなたもきっと、「この人は口先だけで褒めているな」「褒めて自分に何かをやらせようとしているな」と感じた経験があるはずです。人は他人が自分をコントロールしようとしている気配にとても敏感です。

また、褒められることが目的になると、自分が何をしたいのかがわからなくなってしまい、人生が模索しっぱなしになってしまいます。他人のBOXに入っているのと同じ状態です。

褒める時は下心なしに、相手をリスペクトする純粋な気持ちで褒めましょう。

「こんなに上手に片付けられるなんてすごい！　あなたがやってくれたおかげで助かったよ、ありがとう！」

と、事実に即して感動の気持ちを込めて褒めれば、相手は人に貢献する喜びに気づき、眠っていた才能、たとえば整理整頓する能力や計画する力を引き出すことにもつながっていきます。

するとと相手はどんどんアガり始めます。

法則34

自分のためにしてくれたことは100倍にして受け取る。

人に何かしてもらった時に、「いいです、いいです」「私にはもったいないです」「気をつかわないでください」などと断ったり遠慮したりする人がいます。

でも、そうした拒絶の言葉は、相手が貢献する場を奪うことになっています。拒絶だなんて大げさだと思うかもしれませんが、あなたも誰かのために何かをしてあげようとして、断られたらどうでしょう。

たとえば電車でご老人に席を譲った時に「けっこうです」と言われて、悲しくなったことはありませんか。友達に食事をごちそうしようとしたのに、「悪いからワリカンにしよう！」なんて言われたら、なんだか気持ちがよくないですよね。そんな時、好意が無視されたように思ったことがあるのではないでしょうか。

相手の好意は素直に受け取ってください。それは相手が「誰かに貢献したい」という気持ちを完了させてあげることになるからです。受け取ることで相手を幸せな気持ちにしてあげましょう。

あなたがアゲたい相手から美味しいものをごちそうになったり、親切にしてもらったりしたら、

「こんなに美味しいお店に来られて幸せ！　ありがとう！」

「あなたのおかげでものすごく助かったわ、ありがとう！」

と、してもらったことを100倍にして受け取り、言葉や態度でお礼の気持ちを伝えるようにしてください。

でも、「私に何かしてくれたことは、嫌な相手やストーカーみたいな人からでも必ず受け取らなければいけないの？」とそんな疑問があるかもしれません。迷った時は、心の中で自分に問いかけてみてください。正直な自分の気持ちが嬉しくなければ受け取らなくてOKです。

他にも、相手に何かを依頼することで、相手の気持ちを完了させるという方法もあります。相手の可能性を信じて、貢献の場を提供するのです。

他人への愚痴が多い従業員に、イベントの懇親会の運営を思い切ってまかせたことがあ

りました。すると、普段の仕事ではこちらから促さないと報告に来ない彼が、その時はこまめに報告や相談に来て、主体的に進めてくれたのです。

会場の手配はもちろんのこと、会場までの行き方が書かれた案内チラシもとてもわかりやすく作成されていました。彼にこんな才能があったなんて！　と驚きました。閉会後、達成感と充実感に溢れた彼の笑顔を見て、依頼するということは貢献の機会を与えることであり、そして才能の発見にもつながるのだと実感しました。

「貢献の場を提供する」ことの大切さを、法則5のところで紹介した子供1人を抱えるシングルマザーの方にお話ししたところ、元夫にもっと「依頼」してみることにしたそうです。

それまではなんとか自分の力だけでやろうと頑張っていましたが、時々は「今日は子供の世話をお願いね」と頼んで、彼女自身の時間を作ることにしたのです。すると、家族が前よりもずっといい距離感になり、それぞれ自立した関係になっていきました。自分で何もかもやろうとせず人に依頼してみると、依頼されたほうも充実感や貢献の喜びを感じるのだとわかったそうです。

今では元夫と子供と3人で遊びに行ったりと、結婚している頃よりお互いをサポートし合う素敵な関係になっています。

まかせて大丈夫かな、自分がやったほうが早いかも。そういう気持ちが湧き起こってくるかもしれませんし、それが事実である場合もあるでしょう。でも、信頼して何かを依頼することは相手の成長につながります。意外な才能を発見するかもしれませんよ。

相手の可能性の扉を開けることになり、結果として相手をアゲることになります。

法則35

予想を素敵に裏切る。

誰かと話をする時に、いつの間にか予定調和で話していることがあります。

この人ならこう言えば機嫌を損ねないはずだ、とか、ここまでは言ってもいいかな、などと自分で決めた枠の中で会話を進めていること、あなたにもありませんか。

素敵に裏切るとは、そんな枠を取っ払ってしまうことです。相手の予測を「素敵に裏切る」のです。

たとえば意見を求められたなら、他で見聞きしたことのない斬新なアイディアを伝えられるように考えてみます。一般常識など必要ありません。相手のためになる意見やアイディアを、相手の予想を裏切るカタチで伝えるのです。

それのどこが相手をアゲることになるのでしょうか。

予想外の答えを受け取ると、相手の脳は予定していた回答とはまったく違うので一瞬驚き、「そうか、そんな考え方もあったんだ」と、違う考えについて検討し始めます。すると相手はよりランクアップした視点で物事を見つめられるので、今までになかった発想が湧き上がってきたり、新たな戦略が見えてきたりします。成功を手にしたり、欲しい目的に近づくことができたりするのです。

たとえば相手がA案とB案の「どっちがいいと思う?」と問いかけてきた場合はどうでしょう。本音ではA案がいいと思っていて、背中を押してほしいだけのようです。

アゲリッチなら、ただ素直に背中を押すだけでは終わらせません。

「いいね」と賛同することは誰にでもできます。意見が肯定されてその時は相手も喜ぶでしょう。でも、それが本当に相手をアゲることになるでしょうか?

こういう時は、相手に「どうしてそう思うの?」「どういう可能性があるの?」と問いかけてみます。その問いかけだけでも相手は自分の中で答えが出るはずです。

話を聞いたうえでいいなと思えば、「だったらやるしかないね!」と相手の決心を引き出します。

話すうちに、相手が本当にやりたいことではないと感じた時は、「Cという案もあるんじゃない?」と新しい見方を提案します。

もしくは、「私はB案だな」と直球ストレートで反対案を推してみると、相手がどれぐらいA案に本気なのかが見えることもあります。

大切なのは、相手の可能性を１００％信じることです。「あなたならもっとできる！」という視点からの意見であれば、たとえ自分の考えと違っていても相手は嬉しく思うはずです。

相手を１００％信頼することが、相手をアゲることにつながっていきます。

法則36 未来の世界で一緒に遊ぶ。

相手を100％信じると、彼からプロポーズの言葉を引き出すこともできます。

女性から男性に結婚を迫ればたいてい引かれてしまいますよね。「こんなに押しの強い人と結婚したら、自分の自由がなくなりそうだ」と余計に尻込みさせてしまいます。

では、結婚は一切迫らずに、「この人と一緒にいると心地いいなあ」と感じさせたらどうでしょう。一緒にいると明るい未来が感じられるように持っていくのです。

そのためには、相手の未来の話をひたすら聞き、未来のイメージを一緒にふくらませるのがおすすめです。「今、どんなことに興味があるの？」と聞けばたいていの人は答えてくれます。誰にでもやりたいことや興味があることはありますし、人は自分の夢を話したいのです。

「そうか、いつかバーを開くのが夢なんだね」

「たとえばどんな物件かなぁ？」

「内装は何色にする？」

と、このように未来の世界で一緒に遊ぶイメージです。相手のアゲリッチＢＯＸで一緒に遊びます。無理に褒めたりしなくて大丈夫。「そうなんだ、そういうことに興味があるのね」と肯定して相手の世界に入ってあげると、相手は「自分を理解してくれる人だ！」と思って気持ちがアガり、もっともっと話してくれます。

相手の可能性を１００％信じて、「あなたはすごい人だから絶対できる！」という態度で話を受け止めます。相手の抱いている希望を共有するのです。

すると、「他の女性は一緒にいて重いけど、この人といると気分がいいなあ。この女性を手放すと自分は損するぞ」と思ってくれるようになります。

「手放せなくなる女性」「不可欠な女性」とは、相手をコントロールせず、横並びで、互いにリスペクトし合える関係である時に生まれる感情です。

法則37

ネガティブな出来事には「おめでとう！」と言う。

相手にネガティブな出来事が起きた時は、自分の周波数を相手に合わせないことです。一緒に落ち込んだり怒ったりしないでください。

そういう時、アゲリッチなら「やったね、おめでとう！」と相手に言ってあげます。もちろんいきなりそんなことを言ったら「何考えてるんだ、ふざけるな！」と怒られて当然です。段階を踏みましょう。

まずは「そうだったんだね」と、ひと通りは相手の気持ちや感情を受けとめます。ネガティブな感情をしっかりと味わうことも、これから本人が前に進むためには必要です。時間が必要な場合もあるでしょう。さりげなくコーヒーを差し出したりして、気持ちを落ち着かせてあげてください。

でも、相手の周波数に合わせて同調することは避けます。「気持ちはわかるよ」「ひどい話だね」「私までムカついてきた」などと同調すると、相手はあなたと一緒にいつまでもどん底な気分に浸り続けることになります。一緒に落ちてもなんにもいいことはありません。

相手がネガティブな感情を味わいつくした時期が来たら、「おめでとう！」と声をかけてあげてください。

ネガティブな感情にいるのに急に「おめでとう！」なんて言われると、相手は頭をガツンと殴られたような衝撃を受け、「えっ、なんで!?」と固定観念が揺らぎます。

その揺らぎや動揺こそが大切です。揺らいだ一瞬の隙に「よかったね〜」と入っていくのです。脳は一瞬、何を言ってるんだ？　と思考が停止し、空白が生まれます。

「よかったね、これって次に進めるチャンスじゃない？」

「よかったね、これがもっと大きな成功につながると思うよ」

とポジティブな見方に気づかせてあげます。相手をリスペクトしながら、視点や考え方の基準をずらしてあげるのです。相手がはまっているネガティブＢＯＸから引っ張りだすきっかけを作ります。

すると相手は本来の、未来の素晴らしい自分に戻れて、再びアガり始めます。

法則38
不安はただの幻想だと気づかせてあげる。

新しいことを始めようとする時には誰にでも不安があります。未知のことだからです。たとえば起業したいと思っている彼は、儲からないんじゃないかとか、お客さんが来てくれるだろうかとか、借金を返せるだろうかとか、次々と不安が湧き起こってきて、そのうちに自信がなくなり、気持ちが揺らいでしまいます。やらないほうがいいかもしれないと、現状維持をしようとしてしまいます。そのほうが安全だと思ってしまうのです。新しいことにチャレンジする時に、一度は突き当たる壁です。

そういう時こそ、アゲリッチであるあなたが声をかけてあげてください。視点をずらして、どっぷり入っている不安BOXから一度出てもらいましょう。

漠然とした不安を解消するには、不安に思うことを書き出してもらいます。そして、書き出したものを「どうしたらできるだろうか」と考えることで、不安を課題に転換するのです。

「あなたは人生のエネルギーを何に使いたいの？」「死ぬ時に後悔したくないよね」と、未来を選択させてあげるのもいい方法です。

将来の不安はただの幻想です。もちろん起業前に危機管理や十分な準備は欠かせません。けれども始めてもいないのに「失敗するんじゃないか」とおびえることは、幻想に惑わされているだけだと気づかせてあげましょう。

幻想は勝手に膨らんで大きくなり、人の気持ちをおびやかします。人は未来を想像して落ち込んだり不安になったりするのが実は好きなのです。

だからこそ「それって幻想だよね」「やってみないとわからないよね」と、相手が立っている場所をニュートラルに戻してあげて、「本来のあなたには力があるよ」と、我に返らせてあげます。マイナスの未来に視点を向けている彼を、あなたがプラスの未来のほうに向かせてあげるのです。

すると相手は「そうか、未来は決まっていないのに、勝手に怖がっていただけなんだ」と我に返ることができるはずです。

法則39 リスペクトがすべて。

夫婦やカップルが相手をサゲて、自分をアゲることがあります。

奥さんが人前で「うちの主人、万年ヒラで安月給なんです」「上司に媚びるのが下手でちっとも出世できないんです」などと旦那さんをなじったり軽い悪口を言ったりすることで、場を盛り上げていると錯覚しているパターンです。

一見たわいもないように感じますが、言われている本人は気分がいいはずはありませんし、何より相手へのリスペクトがありません。周りの人もどう対応していいかわからず、顔がこわばったりしているものです。

奥さんは旦那さんをサゲて自分をアゲているつもりでも、ちっともアガっていないのです。むしろ二人ともサガっているのですが、それに気づいていません。

この広い地球上で大切なパートナーに巡り合えた奇跡に、もう一度思いを巡らせてみてください。世界でたった一人の大好きな人に出会えた頃のことを思い出せば、相手へのリスペクトも甦ってくるのではないでしょうか。

しかし現実には、相手から冷たい言葉を投げつけられたり、嫌な態度をとられ続けたりして、リスペクトの気持ちを持ちづらいのもよくわかります。

そういう時は「なんてこと言うの!?」とストレートに受け止めずに、ああ、この人は本来は素敵な人なのに今は何かに反応して「混乱ＢＯＸ」に入っているんだなあ、残念な箱から気持ちを表現しているんだなあ、と眺めるようにしてください。

きっと本当に伝えたいことがあるのに、うまく表現できず、無意識に違った表現になっているだけなのです。

相手のＢＯＸに入って、観える景色を感じたら、自分の意志で出てください。すると気持ちが落ち着いてきて、また相手を自然にリスペクトできるようになります。ちょっと面倒だと思うかもしれませんが、やる価値は必ずあります。

相手をリスペクトすることは、自分自身をリスペクトすることに他なりません。自分も相手も素晴らしくて、奇跡の人だと心から思うようにしてください。あなたの対応次第で相手は面白いように変わります。

法則40

相手はあなたの望むように振る舞っている。

人は誰でも、自分自身の課題をこなしています。苦手な上司がイライラしていてあなたに当たり散らしたなら、彼は今、何か彼自身の課題をこなそうとしてもがいているのです。あなたへの残念な態度に巻き込まれずに、「私は私」と思いつつ、相手には関心を持って対応しましょう。言葉にしたくなかったら無言でもいいのです。

すると相手に微妙な変化が表れてきます。

「おや、いつもみたいにムッとした顔をしないのか」とちょっと驚いて冷静になるかもしれません。黙ってコーヒーを机の上に置いてあげたら「あ、こいつ、俺より大人だなあ。言い過ぎて悪かったな」と思うかもしれません。そして自分のことが恥ずかしくなり、とらわれていた感情から少し脱することができるはずです。

意外に思うかもしれませんが、相手はあなたが望むように振る舞っています。怒られないかといつもビクビクしている人は、「望むとおりに」怒られます。「望む」とは「設定した」と同じです。相手との嫌な関係性を変えるには、設定を変えてみるのです。「あの人から信頼を寄せられ、大切に扱われて当然だ」とあなたが設定を変えれば、理想的な関係が築けるはずです。

それでもやっぱり嫌な人をリスペクトするのは難しいかもしれません。あなたが嫌だと思ってしまうと必ず相手に伝わりますので、嫌な気持ちは手放したほうがトクです。そんな時は、抽象度を思いっきり上げてしまう方法を試してみてください。

たとえばゴキブリが苦手だとしたら、ゴキブリをひとつ大きなカテゴリーに入れてみます。「虫」のカテゴリーが思い浮かびますね。次に「虫」のもうひとつ大きなカテゴリーを考えます。「生き物」でしょうか。その次は「地球上の生物」、その次は「太陽系の生命体」、さらに次は銀河系の、次に宇宙の……と、どんどん抽象度を上げていくのです。

すると物事の本質がつかめて、「ゴキブリというより、この宇宙の生命体だ」と思えるようになります。

こうやって抽象度を上げる練習をすると、「この人が怒っている本当の理由は何だろう？」と、物事の本質が瞬時にわかるようになっていくので、無駄に心を乱されることがなくなります。

私の会社によくぶつかり合っている従業員がいました。「こうしたほうが絶対にうまく仕事が回る」「いや、このやり方じゃないと無理だ」などと言い合っているうちにエスカレートしていき、プライドがぶつかり合い、しまいには仕事と関係のない言い争いに変わっていってしまうのです。

そんな時、私は2人の言い分をヒヤリングしてから抽象度を上げてみます。

「この仕事をどう円滑にするか」→「お客様にいいものを早くご提供したい」→「お客様に喜んでいただきたい」

「結局、2人が話していることは『お客様に喜んでいただくにはどうしたらいいか？』という素晴らしい内容を議論しているんだね。同じ目的に向かって話しているんだね」

と、話の目的を明確にしてあげると、とたんにお互いの意見をリスペクトできるようになります。小さなプライドのために意地を張るのが恥ずかしくなり、もっと素敵な自分だと自覚するのです。

人はみんな貢献したいという欲求に溢れていて、誰かのお役に立てる自分が嬉しいのです。抽象度を上げてみれば、すべての人の言葉は究極的には「愛の表現」なのですから。

法則41
アゲリッチの人生に特別扱いは当たり前。

ここまでアゲリッチの法則をお話しし、アゲリッチになるさまざまな方法をお伝えしてきました。ＯＫ、今日から私はアゲリッチ！　とやる気になってくだされば嬉しいです。すべての方に最後にお伝えしたいのは、「最高のあなただから、特別扱いは当たり前！」という真実です。

未来から来た特別なあなたです。みんなからリスペクトされる最高に素敵なあなたです。周りからの特別扱いは当たり前なのです。

あなたには毎日たくさんのミラクルが起きます。あなたは唯一無二の価値ある存在で、自分らしさが出れば出るほど、それは加速します。いつかあなたは大勢の人の憧れになっています。人生の質が激変します。

本来、人生はとってもシンプルです。

生きている間に自分で難しくしているのです。

今、ゼロ地点に立ち返って、未来のあなたを取り戻してください。

そしてとびきりのアゲリッチになって、あなた自身の夢をかなえ、周りの大切な人を幸せにし、あなたも一緒に幸せになってアゲアゲスパイラル人生を送ってください。

人は、たった一人でも「あなたは素晴らしい存在だ」と認めてくれる人がいたら、幸せな人生を送れるのではないでしょうか。

アゲリッチのあなたが誰かのそんな人になってあげてくださいね。

あなたの幸せを、こころからお祈りしています。

おわりに

最後までお読みいただきありがとうございました。

人は本来、一瞬で変われるものです。

私はコーチングを通してお客様に「アゲリッチの法則」をお伝えし、幸せになるサポートをさせていただいてきましたが、あることで悩んでいました。

一対一のカウンセリングやセミナーでは、「アゲリッチの法則」をお伝えする人の数がどうしても限られるのです。一人でも多くの方に幸せになっていただきたいのに、なかなかできない。それに自分のお客様にも毎日お会いするわけにはいきません。

日常生活を送っていたら、毎日のようにいろいろなことが起こります。そのたびに悩んだりつまずいたりして、思うようにアゲリッチの法則を実践できないお客様のフォローは、お会いできない時の電話やSNSだけでは限界があるとも感じていました。

本書でご紹介した夢をかなえた方々も、一気に夢を実現された方ばかりではありません。何度もつまずいて、そのたびにコーチングし、実現に時間がかかった方もいらっしゃいます。

どうすればもっと大勢の方に、少しでも早く幸せになっていただけるのだろうと悩んでいた頃、お客様の一人が、「伊倉さん、本にすればもっと大勢の人を幸せにできるんじゃない？」とおっしゃったのです。

そうだ！　本だ！

本ならいつでも読めるから、迷った時に何度でも基本に戻れるし、直接お会いできない方にもこの法則をお伝えできる！

目を開かされた私はすぐに、本を出すというゴールに向かってアゲリッチの法則を使い始めました。

すると、またたく間にたくさんのミラクルが起こりました。

次々と情報が集まり、ご紹介があり、出会いがありました。そしてこの本が生まれたのです。

アゲリッチの法則は本当にかなえたい夢を、当たり前に実現できるツールです。

気づいたらアガっていた！　という感覚が味わえます。

でも、ちょっとしたコツがあるので、そのコツをつかんで幸せになっていただきたいという想いをいっぱいに詰め込んで、書かせていただきました。

ご自身の幸せにとどまらず、周りも一緒に幸せになれるマインドを身につけることができれば、きっと未来は、今までの人生とはまったく質の違うものになると確信しています。

人間は、一人一人観る世界が違うだけであり、人は皆、偉大で愛に溢れている存在なのです。

その本質を深く理解されると、ご自身の夢の達成とともに大切な方の夢も応援できる、素敵な魅力溢れるあなたでいられることでしょう。

お互いをリスペクトし、応援し合えるアゲリッチを世界に輩出することが私のミッションです。

本書を通して皆様の人生の質を高め、本当にかなえたい夢を実現されることを心から応援させていただきます。

現在の私があるのは、支えてくださったたくさんの方々のおかげです。この場をお借りして感謝の気持ちをお伝えさせてください。

本書の出版にあたり全面的に私をプロデュースし、サポートしてくださった株式会社STAR CREATIONSの伊集院尚子さん。アゲリッチの法則をしっかり理解して、とことん妥協せずに制作していただけた熱意とプロフェッショナルな姿勢に、敬意とともに心からの感謝でいっぱいです。一緒に取り組めて本当に幸せで光栄でした。ありがとうございました。

幻冬舎編集者の前田香織さん。私の意図を常に尊重し、汲《く》み取っていただきながら、ひとつひとつ丁寧に編集をしてくださったこと、そしていい本を出すという素晴らしいミッションを持って、多くの時間を共有してくださり心から感謝いたします。共有させていただいたお時間は大変楽しく、貴重なものでした。

またここにいたるまでに応援してくださり、体験談などにご協力いただいた私のクライアントの皆様、いつも的確なアドバイスをいただいた会社オーナーの皆様、心からの感謝でいっぱいです。ありがとうございました。

そして、いつも自由にさせてもらいながら温かく見守ってくれた主人と最愛の息子に心からありがとう。

最後に、Special Thanks として、この世に産んでくれた母と天国の父に。無償の愛を注ぎ続けてくれたこと、本当にありがとう。感謝を伝えて終わりにしたいと思います。

伊倉ひとみ

「あなたの笑顔が見たいから」

著者略歴

伊倉ひとみ

Hitomi Ikura

エグゼクティブメンタルコーチ。米国NLP協会認定マスタープラクティショナー。チームフロープロコーチ養成スクール卒業。東京都生まれ。日本歯科大学東京短期大学卒業。卒業後は知人の歯科医院をサポートした後、オーストラリアで1年間暮らす。帰国後、結婚を経てAIU保険会社に初の女性営業職として入社。毎月の売り上げ上位TOP10が定位置となり、4年後に代理店として独立。また中小企業の危機管理リスクコンサルタント業も始め、1000社以上の経営者の意識向上を実施した。その後、育児に専念するため会社を手放した直後に夫の経営する宅配寿司業の売り上げが激減し、借金は3000万円に。電気とガスが止まり、2歳の息子を抱えてどん底の暮らしを経験した。そこでこれまでの人生で大切にしていた「他人をアゲて自分をアゲるメソッド（＝のちのアゲリッチの法則）」を実行したところ、業績はV字回復。東京モーターショーのメルセデス・ベンツ社ブースやアウディジャパンのショールームでVIP向けパーティのケータリングを手掛けるなど、ビジネスパーティを年間100件以上こなすようになる。また銀座三越ではタニタ食堂とコラボした「タニタ食堂ランチボックス」1万食を供給。借金は5年で完済して年商は2億円となる。現在は会社をM&Aにより手放し、数多くの顧客にアゲリッチの法則を伝えている。

ホームページ　http://agerich.biz/

アゲリッチの法則

自分をアゲ、周りをアゲる最強の引き寄せ術

2017年2月20日　第1刷発行

著　者——伊倉ひとみ

発行者——見城 徹

発行所——株式会社 幻冬舎

〒151-0051 東京都渋谷区千駄ヶ谷4-9-7

電話　03（5411）6211（編集）　03（5411）6222（営業）

振替　00120-8-767643

印刷・製本所——株式会社 光邦

検印廃止

万一、落丁乱丁のある場合は送料小社負担でお取替致します。小社宛にお送り下さい。
本書の一部あるいは全部を無断で複写複製することは、法律で認められた場合を除き、著作権の侵害となります。定価はカバーに表示してあります。

© HITOMI IKURA, GENTOSHA 2017

Printed in Japan　ISBN978-4-344-03074-9　C0095

幻冬舎ホームページアドレス　http://www.gentosha.co.jp/

この本に関するご意見・ご感想をメールでお寄せいただく場合は、
comment@gentosha.co.jp まで。